怎样学好普通话丛书

GANFANGYANQU
ZENYANG XUEHAO PUTONGHUA

赣方言区
怎样学好普通话

教育部语言文字应用研究所
国家语委普通话与文字应用培训测试中心 组编

本册主编：付欣晴
审　　读：胡松柏

中国教育出版传媒集团　语文出版社

· 北京 ·

图书在版编目（ＣＩＰ）数据

赣方言区怎样学好普通话 / 教育部语言文字应用研
究所，国家语委普通话与文字应用培训测试中心组编. --
北京 : 语文出版社，2024.11
　　ISBN 978-7-5187-1657-9

　　Ⅰ. ①赣… Ⅱ. ①教… ②国… Ⅲ. ①普通话－自学
参考资料 Ⅳ. ①H102

中国国家版本馆CIP数据核字(2023)第001589号

责任编辑	王　琦
装帧设计	刘姗姗
出　　版	语文出版社
地　　址	北京市东城区朝阳门内南小街51号　　100010
电子信箱	ywcbsywp@163.com
排　　版	北京九章文化有限公司
印刷装订	北京鑫海金澳胶印有限公司
发　　行	语文出版社　新华书店经销
规　　格	890mm×1240mm
开　　本	A5
印　　张	6.25
字　　数	156千字
版　　次	2024年11月第1版
印　　次	2024年11月第1次印刷
定　　价	30.00元

☎ 010-65253954(咨询)　010-65251033(购书)　010-65250075(印装质量)

前　言

我国宪法规定：国家推广全国通用的普通话。

新中国成立以来，在党中央、国务院坚强领导下，普通话推广工作蓬勃发展，取得举世瞩目的成就。2020 年全国普通话普及率超过80%，实现了普通话在全国范围内基本普及、语言交际障碍基本消除的历史性目标。新时代新征程，坚定不移推广普及国家通用语言文字，向着全面普及的新目标稳步迈进，要聚焦重点，精准施策，着力解决推广普及不平衡不充分问题，不断提升国家通用语言文字普及程度和质量。为更好满足广大群众学习普通话、提高普通话水平的需求，教育部语言文字应用研究所、国家语委普通话与文字应用培训测试中心联合语文出版社，精心策划和组织编写了这套"怎样学好普通话丛书"。

本丛书是一套基础性、大众化的普通话学习用书，包括系统描述普通话语音、词汇、语法等知识的基础读本，以及针对不同方言区的专用读本。在保证内容表述科学规范的前提下，力求语言平实、深入浅出、通俗易懂。没有语言学专业基础的读者，通过学习基础读本，能够对普通话特别是普通话语音有比较系统的了解。不同方言区的读者，通过学习专用读本，可以比较熟练地掌握普通话与方言的对应规律，针对学习重点与难点进行练习，更快更好地提高普通话水平。

应邀参加本丛书编写、审读的专家学者，既有享有盛誉的著名语言学家，也有学有专长的知名专家和优秀青年学者。他们长期从事普通话教育教学及研究，具有扎实的专业理论功底和丰富的实践经验，对推广普通话满怀热忱，对编写和审读工作精益求精，保证了本丛书的科学性、专业性和实用性。谨向他们表示敬意和感谢！

教育部语言文字应用研究所
国家语委普通话与文字应用培训测试中心

目　录

第一章

导　　论

一、方言与普通话的关系

方言包括地域方言和社会方言，本书所论方言指地域方言。为方便论述，全书以"方言"代指地域方言。

方言是指语言的地域变体，是相对于民族共同语而言的。《中国语言地图集》（2012）将汉语方言分为十大方言区：官话、晋方言、吴方言、闽方言、客家方言、粤方言、湘方言、赣方言、徽方言、平话和土话。各方言区根据地理分布和方言特征，又可以分成若干片，再往下细分则是小片，直至方言点。比如客家方言分成粤台片、海陆片、粤北片、粤西片、汀州片、宁龙片、于信片、铜桂片八大片；粤台片下又分为梅惠小片、龙华小片，而广东梅州则是梅惠小片中的一个方言点。可见，汉语方言的地理层次可具体描述为"区—片—小片—点"。

普通话是我国的国家通用语言，是指以北京语音为标准音，以北方方言为基础方言，以典范的现代白话文著作为语法规范的现代汉民族共同语。1982年《中华人民共和国宪法》明确规定"国家推广全国通用的普通话"，普通话对方言的影响越来越大，方言区内越来越多的人在学习普通话。

二、赣方言概况

赣方言是汉语十大方言之一，以南昌话^①为代表，主要分布在江西省的中部、北部，湖南省的东部和西南部，闽西北、皖西南、鄂东南等地区，另外浙江、陕西还有少数赣方言岛。赣方言使用人口约4800万，其中江西约2900万，湖南约900万，湖北约530万，安徽约450万，福建约27万。

从共时分布上看，赣方言在江西省境内分布面积最大，人口最多；从形成的历史看，呈现出以江西为中心，向外辐射的特点。这些都反映出赣方言与江西的关系。

（一）赣方言的形成历史

江西一带介于南楚和吴之间，是所谓"吴头楚尾"的过渡地带，而远古时代的江西是百越聚居之地。据陈昌仪《赣方言概要》，原始赣方言在东汉末年已初步形成。之后由于唐代安史之乱、宋代靖康之乱等战乱，大量北方移民涌入江西，对赣方言产生了深刻的影响，使赣方言经历了中原语言与原始赣方言的融合。如今的赣方言语言系统具有多元性的特征，与中原先人大批迁移至此、远古的百越聚居、上古时"吴头楚尾"的地理位置等多种因素直接相关。

赣方言除了分布在江西以外，周围其他省份也有分布，这源于江

---

① 如无特别注明，本书所论"南昌话"指"南昌市区通行的方言"。

西人的大批外迁。五代到宋元期间，由于江西本地开发程度较高，有闲人却无闲置土地，需向外发展，故江西中部、西部和北部很多居民向外迁移，如今两湖（湖南、湖北）的赣方言片就是"江西填湖广"的结果。隋唐以后，江西人口激增，经济繁荣，是当时重要的赋税大省。到明代，江西的赋税繁重到老百姓无法忍受之境地，江西先民成批逃亡，近的逃入两湖，远的到达广西、贵州和陕西，从而把赣方言也带到了这些地方。

江西凭借特殊的地理优势——水域发达，曾在政治、经济、军事等方面都具有重要的地位。清代之后，交通方式由水运转为陆路，汽车、火车替代了轮船，江西失去了交通上的优势，逐渐变得闭塞。这些表现在赣方言内部则是：较开放的地域，如南昌、景德镇、吉安市等地，近代以来受北方方言影响较大，语言比较好懂；而县城和广大农村情况则大不相同，即使同一大片内部各城镇也基本无法通话。

（二）赣方言的内部分片

根据共时层面赣方言各地的语言面貌，《中国语言地图集》（2012）将赣方言分为昌都片、宜浏片、吉茶片、抚广片、鹰弋片、大通片、耒资片、洞绥片、怀岳片九大片。

1.昌都片的分布

以南昌话为代表，通行于南昌市区、南昌县、永修县、德安县、庐山市、都昌县、湖口县、安义县、武宁县，还有修水县的部分地区。

2.宜浏片的分布

以宜春话为代表（也有以新余话为代表的），通行于江西省的宜春市、分宜县、上高县、新余市、樟树市、新干县、奉新县、靖安县、高安市、铜鼓县、丰城市，还有宜丰县、万载县的部分地区，湖南省的醴陵市，还有浏阳市的部分地区。

3. 吉茶片的分布

以吉安话为代表，通行于江西省的吉安市区、吉水县、峡江县、莲花县、安福县、萍乡市、上栗县、芦溪县，还有泰和县、永丰县、吉安县、井冈山市、永新县、万安县、遂川县的部分地区，湖南省的炎陵县、攸县、茶陵县的部分地区。

4. 抚广片的分布

以抚州话为代表，通行于江西省的抚州市、崇仁县、宜黄县、乐安县、南城县、黎川县、资溪县、金溪县、进贤县、东乡区、南丰县，还有广昌县的部分地区，福建省的建宁县和泰宁县。

5. 鹰弋片的分布

以鹰潭话为代表，通行于江西省的鹰潭市、贵溪市、余江区、万年县、乐平市、余干县、鄱阳县、彭泽县、横峰县、弋阳县、铅山县，还有景德镇市的部分地区。

6. 大通片的分布

以咸宁话为代表，通行于湖北省的大冶市、咸宁市、嘉鱼县、赤壁市、黄石市、崇阳县、通城县、通山县、阳新县，还有监利市的部分地区，湖南省的岳阳市区、华容县，还有平江县、临湘市、岳阳县、浏阳市的部分地区。

7.耒资片的分布

以耒阳话为代表，通行于湖南省的耒阳市、常宁市、安仁县、永兴县，还有资兴市的部分地区。

8.洞绥片的分布

洞绥片远离江西本土，而且其周围地区通行的都是湘方言和西南官话，但仍然保留了赣方言的特色。以洞口话为代表，通行于湖南省的洞口县、绥宁县、隆回县的部分地区。

9.怀岳片的分布

以怀宁话为代表，通行于安徽省的怀宁县、岳西县、潜山市、望江县、宿松县、太湖县、青阳县，还有东至县、石台县、池州市的部分地区。

三、汉语拼音方案和国际音标

普通话的语音以北京语音为标准音，东南各片方言在语音上与北京语音（普通话）的差异极大，可以说是不同的语音系统，自然，它们的标音方式也不同。其中，普通话语音用汉语拼音标记，赣方言等则用国际音标记音。

（一）普通话的记音符号——汉语拼音

汉语拼音是我国语言文字工作者总结注音识字和拼音字母运动的经验，集中广大群众智慧并参考世界各国拼音文字长处制定出来的给普通话注音的一套符号。汉语拼音方案于1958年2月11日经第一届全国人民代表大会第五次会议讨论通过，被批准作为正式方案推行。它采用国际普遍使用的拉丁字母，又根据现代汉语语音系统的特点进行了调整和加工，准确、灵活、妥善地反映了现代汉语的语音系统，是一个比较完善的记录现代汉语语音系统的拼音方案。它不仅在我国为推广汉民族共同语发挥了巨大的作用，也得到了国际社会的承认——1982 年国际标准化组织把汉语拼音方案作为拼写汉语的国际标准。

汉语拼音方案有五个部分：字母表，声母表，韵母表，声调符号，隔音符号。

1. 字母表

字母	Aa	Bb	Cc	Dd	Ee	Ff	Gg
名称	ㄚ	ㄅㄝ	ㄘㄝ	ㄉㄝ	ㄜ	ㄝㄈ	ㄍㄝ
字母	Hh	Ii	Jj	Kk	Ll	Mm	Nn
名称	ㄏㄚ	ㄧ	ㄐㄧㄝ	ㄎㄝ	ㄝㄌ	ㄝㄇ	ㄋㄝ
字母	Oo	Pp	Qq	Rr	Ss	Tt	
名称	ㄛ	ㄆㄝ	ㄑㄧㄡ	ㄚㄦ	ㄝㄙ	ㄊㄝ	
字母	Uu	Vv	Ww	Xx	Yy	Zz	
名称	ㄨ	ㄪㄝ	ㄨㄚ	ㄒㄧ	ㄧㄚ	ㄗㄝ	

V 只用来拼写外来语、少数民族语言和方言。

字母的手写体依照拉丁字母的一般书写习惯。

2. 声母表

b	p	m	f	d	t	n	l
ㄅ玻	ㄆ坡	ㄇ摸	ㄈ佛	ㄉ得	ㄊ特	ㄋ讷	ㄌ勒

g	k	h		j	q	x
ㄍ哥	ㄎ科	ㄏ喝		ㄐ基	ㄑ欺	ㄒ希

zh	ch	sh	r	z	c	s
ㄓ知	ㄔ蚩	ㄕ诗	ㄖ日	ㄗ资	ㄘ雌	ㄙ思

在给汉字注音的时候，为了使拼式简短，zh ch sh 可以省作 ẑ ĉ ŝ。

3. 韵母表

	i ㄧ 衣	u ㄨ 乌	ü ㄩ 迂
a ㄚ 啊	ia ㄧㄚ 呀	ua ㄨㄚ 蛙	
o ㄛ 喔		uo ㄨㄛ 窝	
e ㄜ 鹅	ie ㄧㄝ 耶		üe ㄩㄝ 约
ai ㄞ 哀		uai ㄨㄞ 歪	
ei ㄟ 欸		uei ㄨㄟ 威	
ao ㄠ 熬	iao ㄧㄠ 腰		
ou ㄡ 欧	iou ㄧㄡ 忧		
an ㄢ 安	ian ㄧㄢ 烟	uan ㄨㄢ 弯	üan ㄩㄢ 冤
en ㄣ 恩	in ㄧㄣ 因	uen ㄨㄣ 温	ün ㄩㄣ 晕
ang ㄤ 昂	iang ㄧㄤ 央	uang ㄨㄤ 汪	
eng ㄥ 亨的韵母	ing ㄧㄥ 英	ueng ㄨㄥ 翁	
ong （ㄨㄥ）轰的韵母	iong ㄩㄥ 雍		

（1）"知、蚩、诗、日、资、雌、思"等七个音节的韵母用 i，即：知、蚩、诗、日、资、雌、思等字拼作 zhi，chi，shi，ri，zi，ci，si。

（2）韵母儿写成 er，用作韵尾的时候写成 r。例如："儿童"拼作 ertong，"花儿"拼作 huar。

（3）韵母 ㄝ 单用的时候写成 ê。

（4）i 行的韵母，前面没有声母的时候，写成 yi（衣），ya（呀），ye（耶），yao（腰），you（忧），yan（烟），yin（因），yang（央），ying（英），yong（雍）。

u 行的韵母，前面没有声母的时候，写成 wu（乌），wa（蛙），wo（窝），wai（歪），wei（威），wan（弯），wen（温），wang（汪），weng（翁）。

ü 行的韵母，前面没有声母的时候，写成 yu（迂），yue（约），yuan（冤），yun（晕）；ü 上两点省略。

ü 行的韵母跟声母 j，q，x 拼的时候，写成 ju（居），qu（区），xu（虚），ü 上两点也省略；但是跟声母 n，l 拼的时候，仍然写成 nü（女），lü（吕）。

（5）iou，uei，uen 前面加声母的时候，写成 iu，ui，un，例如 niu（牛），gui（归），lun（论）。

（6）在给汉字注音的时候，为了使拼式简短，ng 可以省作 ŋ。

4. 声调符号

阴平	阳平	上声	去声
‾	´	ˇ	`

声调符号标在音节的主要母音上。轻声不标。例如：

妈 mā	麻 má	马 mǎ	骂 mà	吗 ma
（阴平）	（阳平）	（上声）	（去声）	（轻声）

5.隔音符号

ɑ，o，e 开头的音节连接在其他音节后面的时候，如果音节的界限发生混淆，用隔音符号（'）隔开，例如：pi'ɑo（皮袄）。

（二）方言的记音符号——国际音标

国际音标是 1888 年由国际语音学会设计拟订的一套用来记音的标准化标示符号。自制定以来，经历过多次修改，现通行的是 2020 年修订的版本。国际音标以拉丁字母的小写印刷体为基础，并用大写、草体、合体、倒排、变形、加符等办法加以补充。它遵循"一音一符，一符一音"的原则，各民族都可以利用已有的国际音标记录本民族语言，所以国际音标的总数很多，而各民族语言只是用了其中一部分，比如记录英语语音所用的音标，就是国际音标用于英语记音的那一部分。

汉语方言的语音系统与普通话有诸多差异，方言中的相当一部分音素在普通话中没有，比如普通话有四个声调，声调符号也是四个，但赣方言各地语音常有六或七个声调，用汉语拼音方案的声调符号根本无法标注，因此本书采用国际音标标注方言音。

拼音和国际音标都是以拉丁字母为基础创建的，形体同中有异，为区别二者，音标用方括号表示，不加方括号的则是拼音，如"[ɑ]"是音标，"ɑ"是拼音。

为了简明清晰地反映方言音系，把音标数目限制在有限范围之内，本书采用的是宽式国际音标。

国际音标的记音符号将在后文语音章节声母、韵母、声调中具体论述。

四、本书编写的有关说明

（一）本书的主要研究对象及选点原则

江西省是赣方言的主要分布区域，本书以该省境内的赣方言为主要研究对象。

江西省域内分布有昌都片、宜浏片、吉茶片、抚广片、鹰弋片五片赣方言，各片方言在语音、词汇和语法上各有其特点。为了使学习者更好地找到对应规律，克服学习上的难点，本书在语音方面尽可能照顾到各地方言的特点，从声母、韵母和声调等方面分而论之；词汇和语法则分片选取代表性方言点比较论述：昌都片以南昌话为代表，宜浏片以宜春话为代表，吉茶片以吉安话为代表，抚广片以抚州话为代表，鹰弋片以鄱阳话为代表。

（二）本书对赣方言的称述

为了全文统一和叙述的方便，本书对方言、话等称述作如下处理：

第一，《中国语言地图集》（2012）将赣方言分为昌都片、宜浏片、大通片、吉茶片、抚广片、鹰弋片、耒资片、洞绥片、怀岳片九大片，各片内的方言统称为"某某片方言"。

第二，具体地点的方言以"地名＋话"称说，"地名＋话"包括以县（包括县级市）域方言称名和以设区市地名命名两类，前者以县人民政府驻地的方言为代表，如"黎川话"指黎川县内的方言；后者实际指的是市城区的方言，如"宜春话"是指宜春市城区袁州区的方言。

（三）本书编排体例

本书标音采用汉语拼音和国际音标两种注音方式，汉语拼音用于标注普通话；国际音标用于标注方言语音。调值用数字表示，标在音节右上角，比如黎川话："黎〔ti³⁵〕"。

　　在词汇和语法章节，写不出本字的用同音字表示，同音字用"="标注在右上角，如南昌话"让⁼上"是"马上"的意思；找不出同音字的音节用方框"□"加国际音标表示，如南昌话"□〔tɔʔ⁵〕头"是"点头"的意思。

| 第二章 |

赣方言区学习普通话语音的重难点

一、赣方言语音概述

江西省赣方言区各地方话在语音方面不仅与普通话的差异较大，内部差异也很大。为方便学习者有针对性地练习普通话，本章将尽可能详细地阐述各地方话的语音特点，并将之与普通话相对比，以提高学习者的学习效率。

江西省内赣方言包括五个片：昌都片、宜浏片、吉茶片、抚广片、鹰弋片。

（一）昌都片

以南昌话为代表，包括南昌市区、南昌县、永修县、德安县、庐山市、都昌县、湖口县、安义县、武宁县，还有修水县的部分地区。

该片的语音特点主要有：

第一，本片中心地带——鄱阳湖周围的县，包括庐山市、武宁县、修水县、永修县、都昌县以及湖口下片等地，普遍有全浊声母（普通话中的声母绝大多数发音时声带是不振动的，而浊声母在发音时声带会振动）和翘舌声母 zh、ch、sh。

第二，都昌县、庐山市、湖口县、武宁县 "n、l" 相混，其余各地一般只有 "l" 声母，无 "n" 声母。

第三，庐山市和永修县、都昌县、安义县、修水县五地无撮口呼韵母（以 ü 为韵头或韵腹）。

第四，声调有六至十个，除湖口县外，其余各点都有入声声调。

（二）宜浏片

包括江西省的宜春市、分宜县、上高县、新余市、樟树市、新干县、奉新县、靖安县、高安市、铜鼓县、丰城市，还有宜丰县、万载县的部分地区。

该片的语音特点主要有：

第一，本片声调四至七个，以五个为常见。

第二，除分宜县外都有入声声调。

第三，新干县、樟树市有 "zh、ch、sh、r" 声母。

第四，宜丰县、上高县都只有一个鼻韵尾 "n"。

第五，全片 "n、l" 相混。

第六，奉新县、靖安县没有撮口呼韵母。

（三）吉茶片

包括江西省的吉安市区、吉水县、峡江县、莲花县、安福县、萍乡市、上栗县、芦溪县，还有泰和县、永丰县、吉安县、井冈山市、永新县、万安县、遂川县的部分地区。

本片最突出的特点是语音系统简化，声调系统如此，声母系统和韵母系统也如此。

第一，本片声调三至六个，以四、五个为常见。其中，遂川县有六个声调，井冈山市只有三个声调，其他都是四或五个声调。

第二，本片方言基本无入声（永丰县北部、万安县、遂川县、井冈山市等地例外）。

第三，一般无"n"声母（永新县除外），"n、l"混读为"l"。

第四，有丰富的鼻化韵母（吉安市区、吉安县和峡江县除外）。

第五，萍乡市只有"zh、ch、sh"声母，无"r"声母。

第六，萍乡市只有一个鼻韵尾"ng"。

（四）抚广片

包括江西省的抚州市、崇仁县、宜黄县、乐安县、南城县、黎川县、资溪县、金溪县、进贤县、东乡区、南丰县，还有广昌县的部分地区。

在本片中，广昌县是赣方言与客家方言两种方言的缓冲地带，具有赣、客两种方言的一些特征，但从整体看应归属赣方言的抚广片。

该片的语音特点主要有：

第一，本片声调一般为六至七个。

第二，资溪县、南丰县、广昌县、乐安县四地"n、l"不相混。

第三，普通话的翘舌声母在本片部分地方读为"d、t"。

第四，整片普遍有三个鼻韵尾，即"m、n、ng"。

（五）鹰弋片

以鹰潭话为代表，包括江西省鹰潭市、贵溪市、余江区、万年县、乐平市、余干县、鄱阳县、彭泽县、横峰县、弋阳县、铅山县，还有景德镇市部分地区。

该片的语音特点主要有：

第一，本片声调五至七个，以五个为常见。

第二，除彭泽县、鄱阳县的部分地区无入声，其余各地皆有入声声调。

第三，余江区、乐平市、万年县、贵溪市四地有"v"声母。

第四，除景德镇市和彭泽县外，其他地方"n、l"不相混。

二、普通话声母难点分析与训练

汉语的音节可以划分为声母、韵母和声调三大部分。声母指一个音节开头的辅音，例如"nán（男）"这个音节，开头的辅音是 n，n 就是这个音节的声母；有一些音节开头并没有辅音，例如"è（饿）"，这种音节的声母称为"零声母"。韵母指声母后面除去声调的部分，例如"nán（男）"这个音节，声母"n"后的"án"，除去声调是"an"，"an"就是这个音节的韵母。

（一）普通话声母概况

普通话中有 22 个声母，即"b、p、m、f、d、t、n、l、z、c、s、zh、ch、sh、r、j、q、x、g、k、h"和零声母。

发辅音时，气流在口腔中一定会受到阻碍，发音的过程可以描述为"成阻—持阻—除阻"的过程。所以认识辅音要把握两个角度：第一，发音部位——发辅音时，阻碍气流的部位；第二，发音方法——发辅音时，呼出气流破除发音部位所构成阻碍的方法，包括"成阻—持阻—除阻"的方式以及气流的强弱、声带的颤动与否三个要素。

1. 普通话声母的发音部位

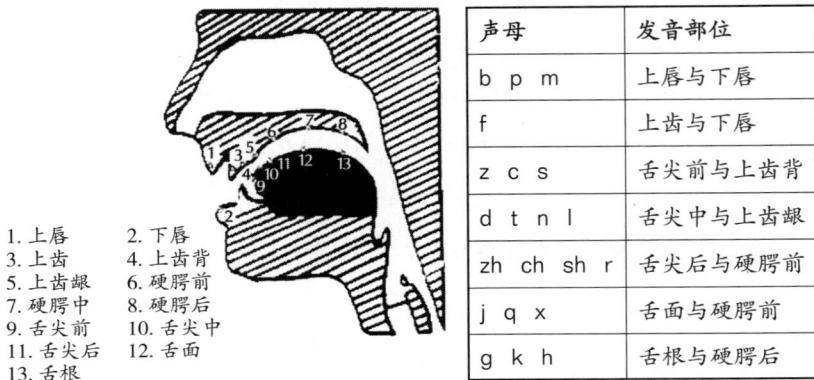

声母	发音部位
b p m	上唇与下唇
f	上齿与下唇
z c s	舌尖前与上齿背
d t n l	舌尖中与上齿龈
zh ch sh r	舌尖后与硬腭前
j q x	舌面与硬腭前
g k h	舌根与硬腭后

1. 上唇　　　2. 下唇
3. 上齿　　　4. 上齿背
5. 上齿龈　　6. 硬腭前
7. 硬腭中　　8. 硬腭后
9. 舌尖前　　10. 舌尖中
11. 舌尖后　　12. 舌面
13. 舌根

图 2-1　普通话辅音声母发音部位图

2. 普通话声母的发音方法

根据声母的发音方法，普通话的声母可以作如下划分：

（1）根据成阻和除阻的方式，可以把普通话中的辅音声母分为塞音、擦音、塞擦音、鼻音和边音五类。

塞音：发音时，发音部位形成闭塞，软腭上升，堵塞鼻腔通路，气流冲破阻碍，迸裂而出，爆发成声。塞音有"b、p、d、t、g、k"六个。

擦音：发音时，发音部位接近，留下窄缝，软腭上升，堵塞鼻腔通路，气流从窄缝中挤出，摩擦成声。擦音有"f、s、sh、r、x、h"六个。

塞擦音：发音时，发音部位形成闭塞，软腭上升，堵塞鼻腔通路，气流先把阻塞部位冲开一条窄缝，接着从窄缝中挤出，摩擦成声。先破裂，后摩擦，结合成一个音。塞擦音有"j、q、z、c、zh、ch"

六个。

　　鼻音：发音时，发音部位完全闭塞，软腭下降，打开鼻腔通路，气流振动声带，从鼻腔通过发出鼻音。普通话中作声母的鼻音只有"m、n"两个。

　　边音：发音时，舌尖与上齿龈接触，但舌头的两边仍留有空隙，同时软腭上升，阻塞鼻腔通路，气流振动声带，从舌头的两边或一边通过发出边音。边音只有一个"l"。

　　（2）根据声带是否振动，可以把普通话中的辅音声母分为清辅音和浊辅音两类。

　　清辅音：发音时，声带不振动的辅音称为清辅音，透出的气流不带音。清辅音有 b、p、f、d、t、g、k、h、j、q、x、z、c、s、zh、ch、sh 等 17 个。

　　浊辅音：发音时，声带振动的辅音称为浊辅音，普通话中作声母的浊辅音有"m、n、l、r"4 个。

　　（3）根据气流的强弱，可以把普通话声母中的塞音、塞擦音分为送气音和不送气音。

　　送气音：发音时，口腔呼出的气流比较强。送气音有"p、t、k、q、c、ch"6 个。

　　不送气音：发音时，口腔呼出的气流比较弱。不送气音有"b、d、g、j、z、zh"6 个。

　　下表是普通话辅音声母表。

表 2-1　普通话辅音声母表

发音方法 ＼ 发音部位			双唇音	齿唇音	舌尖前音（平舌音）	舌尖中音	舌尖后音（翘舌音）	舌面音	舌根音
塞音	清音	不送气	b [p]玻			d [t]得			g [k]哥
		送气	p [pʰ]坡			t [tʰ]特			k [kʰ]科
塞擦音	清音	不送气			z [ts]资		zh [tʂ]知	j [tɕ]基	
		送气			c [tsʰ]雌		ch [tʂʰ]蚩	q [tɕʰ]欺	
擦音	清音			f [f]佛	s [s]思		sh [ʂ]诗	x [ɕ]希	h [x]喝
	浊音						r [ʐ]日		
鼻音	浊音		m [m]摸			n [n]讷			
边音	浊音					l [l]勒			

赣方言的辅音声母系统与普通话有较大差异，拼音中的符号不足以记录方言中的辅音，所以必须用国际音标来标记。由于辅音发音过程是一样的，都有"成阻—持阻—除阻"的发音过程，都可以分析为发音部位、发音方法等发音特征，所以用国际音标来标记方言的辅音时，也要从发音部位与发音方法两个维度进行。下表是赣方言的辅音声母表（国际音标）。

表 2-2　赣方言辅音声母表（国际音标）

发音方法＼发音部位			双唇	唇齿	舌尖前	舌尖中	舌尖后	舌叶	舌面前	舌面后	喉门
塞音	清音	不送气	b [p]			d [t]	[ʈ]		[ȶ]	g [k]	[ʔ]
		送气	p [pʰ]			t [tʰ]	[ʈʰ]		[ȶʰ]	k [kʰ]	
	浊音	不送气	[b]			[d]	[ɖ]		[ȡ]	[g]	
		送气	[bʰ]			[dʰ]	[ɖʰ]		[ȡʰ]	[gʰ]	
塞擦音	清音	不送气			z [ts]		zh [tʂ]	[tʃ]	j [tɕ]		
		送气			c [tsʰ]		ch [tʂʰ]	[tʃʰ]	q [tɕʰ]		
	浊音	不送气			[dz]		[dʐ]	[dʒ]	[dʑ]		
		送气			[dzʰ]		[dʐʰ]	[dʒʰ]	[dʑʰ]		
鼻音	浊音		m [m]			n [n]			[ɳ]	ng [ŋ]	
边音	浊音					l [l]					
擦音	清音			f [f]	s [s]		sh [ʂ]	[ʃ]	x [ɕ]	h [x]	[h]
	浊音			v [v]			r [ʐ]				

说明：加 [ ] 的是国际音标，不加的是拼音字母，如 "b [p]"，"b" 是拼音，"[p]" 是对应的国际音标；如只有国际音标，没有对应的拼音，说明这是赣方言里有而普通话里没有的音素，如浊辅音 "[b]"。

（二）江西省赣方言各片声母概况

江西省赣方言的声母一般比普通话的数量要少，只有 19 个或 20 个。差异主要有：

第一，大多数地区"n"与"l"不分；"f"与"h"不分（指普通话中声母是"h"、韵母以"u"为韵头或韵腹的音节，在方言中往往会读成"f"声母，如方言中"活""佛"都读成"fo"）。

第二，大多数地区无"zh、ch、sh"声母。

第三，有"ng"声母。

具体到各小片，其基本状况如下：

1. 昌都片

第一，本片的声母一般有 19 个或 22 个。和普通话的 22 个声母相比，主要缺失翘舌音"zh、ch、sh、r"，但多了一个"ng"声母（下文中 19 个声母的方言点基本情况与此类似）。而都昌城乡、湖口城乡、庐山城乡老年层、修水县城老年层还都有浊辅音声母。

第二，都昌县、庐山市、湖口县、武宁县的部分地方"n、l"不混（如"男、兰"的声母分别为"n、l"）；其余各地一般只有"l"声母，无"n"声母（如"男、兰"同音，声母都读"l"）。

第三，各方言点都有"ng"声母（如"鸭"读"nga"）。

2. 宜浏片

第一，本片声母一般是 19 个、22 个或 23 个。新干县和樟树市有 23 个声母，比普通话多一个"ng"；宜春市只有 22 个，比前者少一个"r"；其余各点都只有 19 个声母。

第二，所有方言点"n、l"都相混。

第三，各方言点都有"ng"声母，没有例外。

第四，各方言点"f、h"都相混（如"胡"读成"fu"，读音与"扶"一样）。

第五，普通话中声母为翘舌音的字只在新干县和樟树市读为翘舌音，在丰城市和分宜县一般读为平舌音，宜春市则读为舌叶音（发音时舌面顶着硬腭中部，发音部位与普通话的翘舌音有区别），其余各点大部分常用字声母读为"d""t""s"。

3. 吉茶片

第一，本片声母类型较一致，只有19个和20个两种。前者包括井冈山市、峡江县、万安县、莲花县、安福县、遂川县；后者包括吉安市区、吉安县、吉水县、永新县、泰和县，比前者多一个声母"v"。整片方言都没有翘舌音声母。

第二，大部分方言点"n、l"相混，读为"l"，只有永新县、泰和县的老营盘等地例外。

第三，各方言点都有"ng"声母，没有例外。

第四，各方言点"f、h"都相混。

第五，普通话中声母为翘舌音的口语常用字大部分或一部分声母读为"d""t""s"；普通话中读"d""t"声母的口语常用字在峡江县、莲花县等地读为"h"。

4. 抚广片

第一，本片的声母主要有三种类型：19个（如抚州市、南城县、黎川县、广昌县等）、20个（如南丰县）、22个（如乐安县）。19个声母的方言点没有翘舌音声母；20个声母的方言点增加了一个"v"声母；只有乐安县有22个声母，有翘舌音。

第二，大部分方言点"n、l"相混，只有南城和广昌两地例外。

第三，各方言点都有"ng"声母，没有例外。

第四，各方言点"f、h"都相混。

第五，除金溪和乐安外，普通话读"d""t"声母的部分字在其他各地读为"h"，以黎川县最为典型（如"定"读为"hing"，"停"也读为"hing"，但声调有异）。

第六，普通话中声母为平舌音（"z、c"）或翘舌音（"zh、ch"）的字在方言中大部分或一部分读为"d、t"（如"州"读为"diu"，"昌"读为"tong"），乐安县和进贤县两个点例外。

第七，普通话中"l"与齐齿呼、撮口呼拼读的字在方言中声母读为"d"（如"黎"读为"di"），南丰、广昌、进贤三县例外。

5. 鹰弋片

第一，本片声母主要有三种类型：19个（铅山、横峰、弋阳、景德镇）、20个（余江、乐平、万年、贵溪）、23个（余干、鄱阳）。其中，19个声母的方言点一般都没有翘舌音"zh、ch、sh、r"；20个声母的方言点增加了一个"v"声母（如"微"读"vei"）；23个声母的方言点一般有翘舌音（余干县的翘舌音发音时舌面顶着硬腭中部，发音部位与普通话的翘舌音有区别）。

第二，景德镇和彭泽县两地的"n、l"两声母相混，一般都读为"l"，故"能、棱"在方言中同音，此外余干县、乐平市也有部分字会"n、l"相混。

第三，各方言点都有"ng"声母，没有例外。

第四，除彭泽、乐平、横峰以外，其余各方言点"f、h"相混。

第五，普通话中声母为翘舌音"zh、ch、sh"的口语常用字在万年、余江、贵溪三地声母读为"d、t、s"（如"知"读为"di"）。

（三）难点声母分析

赣方言各地的声母有各自的特点，但总体看来又有一些共同的特点。

1.翘舌音声母 zh、ch、sh 的缺失与异读

江西省赣方言区除了昌都片和宜浏片的部分地区（主要指修水、庐山、永修、都昌、湖口下片、新干和樟树市）有翘舌音声母，其他大部分地区都没有。

普通话的翘舌音声母在江西省内赣方言中主要有以下两种读法：一是读成了平舌音"z、c、s"；二是读成了舌面音"d、t"。这两种对应关系经常会出现在同一种方言中，即普通话翘舌音声母字在某一方言中部分字读平舌音，部分字读舌面前音。如普通话声母同为"ch"的"虫"和"春"在高安话中前者声母读为"t"，后者声母读为"c"。普通话中翘舌音声母字在方言中读为平舌音的现象已引起学习者的普遍关注，但大多数人并未意识到普通话翘舌音声母字在方言中还有部分读为"d、t"，故这些学习者在说普通话时"吹"读如"推（tui）"、"昌"读如"汤（tang）"的现象屡屡出现，应该注意纠正。

另外在余干县、宜春市和于都县贡江镇方言中，普通话的翘舌音声母"zh、ch、sh"读成了舌叶音。舌尖后音与舌叶音的区别主要在于发音部位不同，前者的发音部位是舌尖和硬腭前端，发音时，舌头前部上举，抵住硬腭前端；后者的发音部位则是舌叶和齿龈，发音时，舌面向硬腭靠拢，除舌叶和齿龈接触外，舌面的边缘也比较用力，和上臼齿接触，气流只从舌叶和齿龈之间出去。

2. 无 r 声母

"r"和"zh、ch、sh"的发音部位是一样的，方言中凡是没有"zh、ch、sh"声母的自然也没有"r"，值得注意的是，昌都片大部分地区有"zh、ch、sh"声母，但也没有"r"声母。江西省赣方言区只有新干县、鄱阳县和樟树市有此声母。

"r"声母字在赣方言中往往读成了"l""n"或零声母字。比如"饶"在江西省大部分地区读为"lao"；"人"的声母大多数被读成"n"，所以"人"就读成了"nin"；"燃"一般被读为零声母音节"ian"，音同普通话的"盐"。

3. 鼻、边音声母 n、l 的相混和异读

赣方言区大部分地区"n、l"相混，即普通话读"n、l"声母的字在方言中都读为"l"，如"脑""老"音同，"南""兰"无异。例外的只有永新、南城、广昌、南丰、资溪、都昌、庐山、湖口，以及除景德镇和彭泽外的鹰弋片。

另外，普通话声母"l"可以与以 i、ü 为韵头、韵腹的韵母拼读，如"流利"，而赣方言区这类字的声母在一部分方言中会读为"d"，如"流利"读为"diu di"。对于这种情况，只能依靠学习者下苦功记忆。

4. 唇齿音 f 与舌根音 h 相混

除了彭泽、乐平、横峰等地外，江西省赣方言区普遍存在"f、h"相混的现象，即当普通话声母"h"与合口呼韵母（以 u 为韵头或韵腹的韵母）相拼时，方言中声母往往改读为"f"，如"花"读成"fa"，"会"读成"fei"，再如"回环"读如"肥烦（fei fan）"，"欢呼"读如"翻夫（fan fu）"。但这并不是说这些地区方言中没有"h"声

母，其实只有在普通话"hu+ 其他元音"的语音环境中方言声母才改读为"f"，其他情况下方言声母一般与普通话一致，如"喝、亨"等方言与普通话的声母都是"h"。普通话"h"声母字方言中读为"f"的情况主要有以下几种：hu（普通话）—fu（方言），如"湖"；hua—fa，如"华"；huai—fai，如"坏"；huan—fan，如"欢"；huang—fang，如"皇"；hui—fei，如"回"；hun—fun，如"魂"；huo—fo，如"火"。

5. 普遍存在声母 ng

"ng"在普通话中只能充当韵尾，与元音共同构成后鼻音韵母（以"–ng"为韵尾的韵母），不能出现在声母的位置。但在江西省赣方言的绝大部分地区，"ng"都能充当声母。方言中"ng"声母字在普通话中一般为零声母，如"牙"方言读为"nga"，普通话读为"ia"。这类口语常用字主要有"牙、亚、吴、五、爱、熬、傲、咬、袄、藕、偶、暗、眼、恶"等。

（四）声母练习要点

1. 平舌音与翘舌音的辨析与训练

（1）平翘舌音的辨析

对于赣方言区学习者而言，平翘舌音的区分是声母上的最大难点。江西省内大多数方言无翘舌音声母，学习者在练习过程中容易在发音上出现以下误区：①完全发成了舌尖前音；②发音部位靠前，发音时舌尖抵住上齿龈发音；③发音部位靠后（这往往是由于舌尖过于后卷，或用舌面而不是用舌尖发音）；④发音时声带颤动，带有浊音色彩（主要是昌都片）。

辨析平翘舌音，首先应该认识到这两类音的区别。以"z""zh"

为例，平舌音"z"发音时舌尖抵住上齿背形成阻塞，同时软腭上升，关闭鼻腔通路，声带不颤动，气流冲出阻碍；翘舌音"zh"则是舌尖抵住（或接近）硬腭最前端，同时软腭上升，关闭鼻腔通路，声带不颤动，气流冲出阻碍。可以看出，平翘舌音的区别主要在于发音部位不同，平舌音"z、c、s"的发音部位是舌尖和上齿背，发音时舌尖抵住上齿背形成阻塞；翘舌音"zh、ch、sh"的发音部位是舌尖和硬腭前端，发音时舌头前部上举，抵住硬腭前端。

在了解二者区别，掌握平翘舌音正确的发音部位和发音方法的基础上，还要下功夫记忆普通话中声母为"zh、ch、sh"的字。从普通话声母为舌尖前音和舌尖后音字数的比例上看，舌尖后音约占二者总和的70%，舌尖前音约占30%。故记忆时，可以记忆少量的舌尖前音字，以帮助分辨对比舌尖后音字。另外，下面的方法也可帮助记忆舌尖后音字：

①记无不记有。韵母"ua、uai、uang"不与平舌音声母"z、c、s"相拼，记住这一条，"抓、揣、双"等大批字就可放心地读作翘舌音。

②记少不记多。平舌音"z、c、s"和"en"相拼的字极少，只有"怎、参~差、岑、涔、森"几个常用字，其他如"真、针、珍、臣、陈、沉、身、神、甚"等50多个字的声母都是翘舌音。

③声旁类推法。汉字中存在着大量的形声字，"声"指声旁，也就是指示读音的偏旁。如"则"声母为舌尖前音，以之为声旁的"侧、厕、测、恻"等字按类推法声母也都读为舌尖前音。虽然很多形声字和声旁的读音并不完全相同，但它的指导性作用却不可忽视。前文已述平舌音字比翘舌音的字数少得多，故下文只列出平舌音字的声旁类推情况，学习者可通过排除法来记忆翘舌音字。

z:

子——zī 孜，zǐ 子、仔、籽

兹——zī 兹、滋、孳

资——zī 咨、资，zì 恣

匝——zā 匝，zá 砸

澡——zǎo 澡、藻，zào 噪、燥、躁

造——zào 造，cāo 糙

攒——zǎn 攒，zàn 赞

则——zé 则，cè 侧、厕、测、恻（例外字：zhá 铡）

责——zé 责、啧（例外字：zhài 债）

曾——zēng 曾、憎、增，zèng 赠，céng 曾

宗——zōng 宗、综、棕、踪、鬃，zòng 粽，cóng 淙、琮（例外字：chóng 崇）

卒——zú 卒，zuì 醉

祖——zū 租，zǔ 诅、阻、组、祖、俎

尊——zūn 尊、遵、樽

c：

差——cī 差参~，cuō 搓、磋（例外字：chā 差~别，chà 差~不多，chāi 差出~）

慈——cí 慈、磁、糍、鹚

此——cī 疵，cǐ 此，zī 龇（例外字：chái 柴）

蔡——cā 擦，cài 蔡（例外字：chá 察）

才——cái 才、材、财（例外字：chái 豺）

参——cān 参，cǎn 惨，cēn 参（例外字：shēn 参人~，shèn 渗）

仓——cāng 仓、沧、苍、舱（例外字：chuāng 疮，chuàng 创、怆）

曹——cáo 曹、嘈、槽、漕

从——cóng 从、丛

醋——cù 醋，cuò 措、错

卒——cù 卒、猝，cuì 淬、啐、瘁、粹、翠、悴

窜——cuān 蹿，cuàn 窜

崔——cuī 崔、催，cuǐ 璀

s:

司——sī 司，sì 伺、饲、嗣

斯——sī 斯、厮、撕

思——sī 思，sāi 腮、鳃

四——sì 四、驷、泗

散——sā 撒~手，sǎ 撒~种，sǎn 散，sàn 散

叟——sǒu 叟，sōu 馊、搜、艘，sǎo 嫂（例外字：shòu 瘦）

桑——sāng 桑，sǎng 嗓、搡

松——sōng 松，sòng 颂、讼

素——sù 素、嗉

孙——sūn 孙、狲、荪

唆——suō 唆、梭，suān 酸

锁——suǒ 锁、琐、唢

遂——suì 遂、隧、邃

（2）平翘舌音的对比练习

单音节字的对比练习：

z—zh:

哑—渣	杂—闸	灾—摘	宰—窄	再—寨
簪—瞻	攒—斩	赞—站	脏—张	葬—胀
糟—招	凿—着	枣—找	造—赵	泽—哲
怎—枕	谮—阵	曾—争	赠—正	资—知
子—指	字—志	棕—中	总—肿	粽—种
邹—周	走—肘	揍—皱	租—猪	足—竹

组—煮　　钻—专　　　攒—转　　　最—坠　　　尊—谆
作—桌　　昨—琢
c—ch：
擦—叉　　猜—拆　　　才—柴　　　餐—掺　　　残—馋
惨—阐　　灿—忏　　　仓—昌　　　藏—常　　　操—抄
曹—潮　　草—吵　　　册—撤　　　岑—陈　　　层—程
蹭—称　　疵—吃　　　辞—池　　　此—尺　　　次—斥
匆—冲　　从—虫　　　凑—臭　　　粗—出　　　促—畜
徂—川　　窜—串　　　崔—吹　　　村—春　　　存—纯
忖—蠢　　磋—戳　　　错—辍
s—sh：
仨—沙　　洒—傻　　　飒—霎　　　腮—筛　　　赛—晒
三—山　　伞—闪　　　散—扇　　　桑—伤　　　嗓—晌
丧—上　　骚—烧　　　扫—少　　　臊—邵　　　色—设
森—深　　僧—升　　　私—湿　　　死—史　　　四—是
搜—收　　叟—手　　　嗽—瘦　　　苏—书　　　俗—赎
诉—束　　酸—拴　　　算—涮　　　髓—水　　　岁—税
笋—吮　　缩—说

双音节词的对比练习：

自愿—志愿　　姿势—知识　　资助—支助　　增订—征订
宗旨—中止　　早到—找到　　阻力—主力　　栽树—摘花
粗布—初步　　从来—重来　　新村—新春　　木材—木柴
乱草—乱吵　　葱郁—充裕　　存粮—纯良　　辞藻—池沼
私人—诗人　　桑叶—商业　　肃立—树立　　搜集—收集
近似—近视　　四野—事业　　五岁—午睡　　三节—删节

综合练习：

z+z：	自尊	在座	粽子	藏族	祖宗
z+c：	资财	遵从	座舱	再次	总裁
z+s：	走私	棕色	赞颂	赠送	阻塞
z+zh：	增长	杂种	诅咒	资助	奏章
z+ch：	尊称	祖传	责成	资产	早春
z+sh：	作声	滋生	宗室	自首	纵深
zh+z：	赈灾	职责	正宗	振作	寨子
zh+c：	珍藏	择菜	贞操	中层	仲裁
zh+s：	真丝	诊所	致死	周岁	竹笋
zh+zh：	庄重	驻扎	执照	褶皱	辗转
zh+ch：	专长	争吵	展翅	涨潮	照常
zh+sh：	准时	装束	转手	主食	真爽
c+z：	嘈杂	辞藻	猜字	丛葬	脆枣
c+c：	猜测	仓促	草丛	残存	从此
c+s：	蚕丝	沧桑	彩塑	测算	粗俗
c+zh：	采摘	残渣	材质	财政	参照
c+ch：	财产	采茶	残喘	操场	存储
c+sh：	蚕食	藏身	草率	慈善	刺杀
ch+z：	除阻	叱责	插嘴	虫子	筹资
ch+c：	差错	陈醋	成才	出操	尺寸
ch+s：	称颂	抽穗	处所	穿梭	吃素
ch+zh：	查找	常住	朝政	撤职	持重
ch+ch：	拆除	超产	惩处	驰骋	充斥
ch+sh：	插手	差使	阐释	厂商	潮水
s+z：	丧葬	送葬	酸枣	三藏	色泽

s+c：	思忖	随从	塞擦	颂词	酥脆
s+s：	洒扫	松散	搜索	琐碎	诉讼
s+zh：	扫帚	赛制	散装	丧钟	司职
s+ch：	扫除	四川	赛场	搜查	丝绸
s+sh：	丧失	算数	松鼠	送审	赛事
sh+z：	水灾	实责	实在	手足	擅自
sh+c：	山村	深层	神采	收藏	水草
sh+s：	上司	十四	世俗	绳索	申诉
sh+zh：	伤者	善战	上肢	摄制	伸张
sh+ch：	刹车	山川	商场	奢侈	声称
sh+sh：	手术	实施	上手	收税	霎时

2.鼻音n、边音l、翘舌音r的辨析与训练

（1）鼻音n、边音l、翘舌音r的辨析

前文分析过，赣方言中相当多地方话"n、l、r"三个音是混杂不明的，学习者往往将三者混淆在一起。其主要原因是"r"声母字在赣方言中一般读成"l"声母（少数字读"n"声母），"n"声母字在赣方言中也常读成"l"声母，造成的结果是赣方言中读"l"声母的字比普通话多得多，比如"怒、路、入"在南昌话中声母都是"l"。

区分"n、l、r"，首先要发准这三个辅音。"n、l"都是舌尖中音，发音部位相同，都是舌尖抵住上齿龈，形成阻塞，发"n"时软腭下垂，打开鼻腔通道，声带振动，气流在口腔受到阻碍，从鼻腔透出成声，"l"则是气流到达口腔后从舌头跟两颊内侧形成的空隙通过而成声。发"r"时舌头前部上举，接近硬腭前端，形成适度的间隙，软腭上升，关闭鼻腔通路，声带振动，气流从间隙摩擦通过而

成声。

江西省赣方言区大部分方言点都有"l"声母，故它的发音不成问题，但鼻音"n"和浊音"r"的发音却使很多人产生了畏难情绪。学习者在发"n"时常常听起来带有"l"的色彩，这是因为发"n"的时候，口腔没有完全封闭，应该记住"n"是鼻音，发音时软腭要下降堵住口腔，气流只能从鼻腔透出。"r"是个浊擦音，与清擦音"sh"发音部位相同，二者的差别仅在于清浊，故练习"r"时可以先练习声带不振动的清音声母"sh"，保持发音部位不变，加入声带颤动的发音动作，就可以发好浊擦音"r"了。

"n、l、r"声母字也可以利用汉字声旁类推记忆。由于普通话中"n、r"声母字比"l"声母字少得多，故下文只列出"n、r"声母字的声旁类推情况。

n：

那——nǎ 哪，nà 那、娜，nuó 挪

乃——nǎi 乃、奶

奈——nài 奈，nà 捺

南——nán 南、喃、楠

脑——nǎo 恼、脑、瑙

内——nèi 内，nè 讷，nà 呐、钠、衲

尼——ní 尼、泥，nì 昵，ne 呢

倪——ní 倪、霓

念——niǎn 捻，niàn 念

捏——niē 捏，niè 涅

聂——niè 聂、蹑

宁——níng 宁、咛、狞、拧，nǐng 拧，nìng 宁~可、泞

妞——niū 妞，niǔ 扭、钮、纽

农——nóng 农、浓、脓

奴——nú 奴，nǔ 努、弩，nù 怒

诺——nuò 诺，nì 匿

懦——nuò 懦、糯

虐——nüè 疟、虐

普通话中读舌尖后浊擦音声母"r"的字并不多，可以专门记忆。

rán 然、燃，rǎn 冉、染

rǎng 嚷、壤，ràng 让

ráo 饶，rǎo 扰，rào 绕

rě 惹，rè 热

rén 人、仁，rěn 忍，rèn 刃、认、任、纫、妊、韧、饪

rēng 扔，réng 仍

rì 日

róng 绒、容、溶、蓉、熔、融、荣，rǒng 冗

róu 柔、揉、蹂，ròu 肉

rú 如、儒、蠕，rǔ 汝、乳、辱，rù 入、褥

ruǎn 软

ruǐ 蕊，ruì 锐、瑞

rùn 闰、润

ruò 若、弱

（2）鼻音 n、边音 l、翘舌音 r 的对比练习

单音节字的对比练习：

n—l—r：

暖—卵—阮	奴—庐—如	浓—龙—容
能—棱—仍	脑—老—扰	男—蓝—然
囊—狼—瓤	讷—乐—热	褥—漏—肉

- 33 -

糯—落—弱 　　　傩—罗—若 　　　　溺—历—日

双音节词的对比练习：

烂泥—烂梨　年夜—连夜　南部—蓝布　牛气—流气　女客—旅客

浓重—隆重　怒放—录放　无奈—无赖　姑娘—估量　大怒—大路

扰人—老人　柔道—楼道　戎马—龙马　出入—出路　热土—乐土

综合练习：

n+n:	牛奶	男女	南宁	难弄	能耐	泥泞	农奴	牛腩
n+l:	能量	浓烈	尼龙	奴隶	暖帘	努力	女流	牛郎
n+r:	怒容	宁日	内容	内燃	呢绒	懦弱	能人	纳入
l+n:	留念	冷暖	来年	烂泥	理念	连年	落难	辽宁
l+l:	理论	劳累	罗列	冷落	来临	联络	勒令	牢笼
l+r:	利润	落日	礼让	老人	恋人	例如	留任	来日
r+n:	热能	乳牛	容纳	忍耐	热闹	肉牛	柔嫩	日内
r+l:	热流	人流	日历	踉踉	容量	锐利	燃料	扰乱
r+r:	如若	仍然	容忍	荏苒	融入	柔软	忍让	荣辱

3. 唇齿音 f 与舌根音 h 的辨析与训练

（1）唇齿音 f 与舌根音 h 的辨析

如前文所述，普通话中声母"h"与合口呼韵母相拼的音节，赣方言中声母往往改读为"f"，但这并不意味着赣方言中没有"h"声母。事实上，赣方言中"f""h"两个声母并存，赣方言中的"f"声母字，其实对应了普通话的"f"和"h"两类声母，如"发""花"在赣方言中都读"fa"。下面以南昌话和抚州话为例说明赣方言中"f""h"两声母与普通话的对应关系：

表 2-3 "f""h"两声母的普方对比表

例字	普通话	南昌话	抚州话
湖	hu	fu	fu
抚	fu	fu	fu
花	hua	fa	fa
发	fa	fa	fa
货	huo	fo	fo
坏	huai	fai	fai
回	hui	fi	fi
飞	fei	fi	fi
否	fou	fou	feu
饭	fan	fan	fan
欢	huan	fon	fon
粉	fen	fin	fuin
方	fang	fong	fong
荒	huang	fong	fong
峰	feng	fung	fung
红	hong	fung	fung
法	fa	fat	fat
活	huo	fot	fot
河	he	ho	ho
海	hai	hai	hoi
好	hao	hao	hao
后	hou	hou	heu
哼	heng	hen	hen
杭	hang	hong	hong

根据上表的对应关系可知，赣方言中"fo""fai"两个音节的字，普通话中的声母一定是"h"。赣方言中读"fai"音的字，普通话都应读为"huai"，比如"怀、槐、淮、坏"等；赣方言中读"fo"音的字，普通话都应读为"huo"，比如"活、火、货、祸"等。

学习者区分这两个声母，还要注意过犹不及的现象，有许多学习者意识到了自己说普通话时常"f""h"不分，故特别留心，但却出现矫枉过正的现象，把许多声母本该读"f"的字也读成了"h"，例如"废气"读为"huìqì"，"奋发"读为"hùnhuā"。

为方便学习者找到对应关系，将赣方言中声母读"f"而普通话读"h"字的声旁类推字排列如下：

禾——hé 禾、和

乎——hū 乎、呼

忽——hū 忽、惚

胡——hú 胡、湖、葫、糊、蝴

狐——hú 狐、弧

虎——hǔ 虎、唬、琥

户——hù 户、沪、护

化——huā 花、哗，huá 华，huà 化、华，huò 货

怀——huái 怀，huài 坏，huán 环、还

涣——huàn 涣、焕、换、唤

荒——huāng 荒、慌，huǎng 谎

皇——huáng 皇、惶、凰、徨、蝗

黄——huáng 黄、璜、簧、磺

晃——huǎng 晃、恍、幌

灰——huī 灰、诙、恢

挥——huī 挥、辉，hún 浑

回——huí 回、苗、蛔，huái 徊

悔——huǐ 悔，huì 诲、晦

会——huì 会、绘、荟

惠——huì 惠、蕙

昏——hūn 昏、婚

混——hún 混、馄，hùn 混

活——huó 活，huà 话

火——huǒ 火、伙

或——huò 或、惑

红——hóng 红、虹、鸿

洪——hōng 哄~动，hóng 洪，hǒng 哄~骗，hòng 哄起~

（2）唇齿音 f 与舌根音 h 的对比练习

单音节字的对比练习：

发—花　　翻—欢　　方—荒　　房—皇　　访—恍　　放—晃

非—灰　　肥—回　　匪—悔　　废—会　　分—昏　　坟—浑

粪—混　　肤—呼　　浮—胡　　斧—虎　　副—户

双音节词的对比练习：

福建—湖南　　废气—晦气　　负电—护垫　　复发—护发

飞舞—挥舞　　防线—黄线　　泛滥—患难　　发源—花园

综合练习：

f+h：发火　风化　防寒　愤恨　粉红　焚毁　废话　妨害　肥厚　绯红

f+f：发疯　犯法　防范　非凡　芬芳　纷繁　纷飞　奋发　吩咐　分发

h+f：伙房　焕发　回复　挥发　豪放　海防　寒风　合法　划分　横幅

h+h：毁坏　会话　火海　昏黄　祸害　黄花　回合　合伙　挥霍　谎话

4.清、浊辅音声母的辨析与训练

辅音声母包括两类，一类发音时不振动声带，称为清辅音声母；另一类发音时声带振动，称为浊辅音声母。普通话的声母除了"m、n、l、r"是浊辅音，其余都是清辅音。

赣方言除了"m、n、l、r"，还有三类浊辅音声母：第一类是鼻音声母"ng"，第二类是唇齿音声母"v"，第三类是浊塞音和浊塞擦音声母。

"ng"在普通话中只能出现在韵尾的位置，而在赣方言各地能出现在元音前充当声母，学习者要注意普通话是没有这个辅音声母的。好在这类字的声母在普通话中一般都是零声母（如"牙、亚、吴、五、爱、熬、傲、咬、袄、藕、偶、暗、眼、恶"等），比较容易辨析。

浊音声母"v"主要分布在江西省内的武宁县、乐平市、万年县、铅山县、贵溪市、余江区、南丰县、广昌县、永丰县、泰和县、安福县、永新县、宜丰县、上高县、樟树市、新干县等地，如"温、武、文、横、无、屋、乌、卫"的声母在上述方言多读为"v"。"v"的发音过程是下唇轻触上齿，形成摩擦，气流由唇齿间空隙摩擦而出，声带振动，吐气较弱。这个音的发音过程与"f"相似，不过"f"是清辅音，发音时声带不振动。

浊塞音和浊塞擦音声母主要是指与"b、d、z、zh、j、g"相对的发音时振动声带的一类音，主要分布于昌都片的都昌城乡、湖口城乡、修水县城和庐山城乡老年层等。这些地方的声母比较复杂，有与普通话一样的不送气清辅音声母，而没有相对应的送气音声母，也就是说有"b、d、z、zh、j、g"，没有"p、t、c、ch、q、k"。普通话中声母为"p、t、c、ch、q、k"的，在这些方言中基本都读为浊音声母，比如"爬、破、太、同、仓、曹、虫、潮、秋、穷、葵、扣"

等在上述方言中声母都是浊音。

浊辅音的特点是发音时声带振动，而清辅音则是不振动声带的，所以上述方言中的普通话学习者要学会控制声带，可以先揣摩清辅音的发音特点（可以以"f"的发音过程为参照），再对照练习。

三、普通话韵母难点分析与训练

（一）普通话韵母概况

普通话中的韵母共有 39 个。单元音韵母 10 个：2 个舌尖元音 –i [ʅ]（"zi、ci、si"三个音节中的元音）、–i [ʅ]（"zhi、chi、shi、ri"四个音节中的元音），7 个舌面元音 "i、u、ü、a、o、e、ê" 和 1 个卷舌元音 "er"；13 个复元音韵母：ia、ua、uo、ie、üe、ai、uai、ei、uei、ao、iao、ou、iou；16 个鼻音韵母：an、ian、uan、üan、en、in、uen、ün、ang、iang、uang、eng、ing、ueng、ong、iong。

按开头元音的发音状况来分，普通话韵母可分为开口呼韵母、齐齿呼韵母、合口呼韵母和撮口呼韵母四大类，简称"四呼"。开口呼指韵母不是 i、u、ü 或不以 i、u、ü 起头的韵母；齐齿呼指韵母为 i 或以 i 起头的韵母；合口呼指韵母为 u 或以 u 起头的韵母；撮口呼指韵母为 ü 或以 ü 起头的韵母。开口呼韵母发音时嘴巴张开；齐齿呼韵母发音时嘴巴张开度极小，上下齿对齐；合口呼韵母发音时双唇要合拢，成一小孔；撮口呼韵母发音时双唇撮起来并向前突。四呼的名称与韵母的发音状况是基本一致的。下表是普通话韵母表。

表 2-4 普通话韵母表

按四呼分 按结构分	开口呼	齐齿呼	合口呼	撮口呼
单韵母	-i [ɿ][ʅ]	i	u	ü
	a			
	o			
	e			
	ê			
	er			
复韵母		ia	ua	
			uo	
		ie		üe
	ai		uai	
	ei		uei	
	ao	iao		
	ou	iou		
鼻韵母	an	ian	uan	üan
	en	in	uen	ün
	ang	iang	uang	
	eng	ing	ueng	
	ong	iong		

（二）江西省赣方言各片韵母概况

江西省赣方言的韵母远比普通话复杂，其主要特点有：

第一，部分地区无撮口呼。

第二，数量多，一般都有 50 多个，多的甚至达到 70 个左右。

第三，辅音韵尾比普通话复杂。普通话只有"n、ng"两个辅音可以出现在韵母末尾，赣方言除了这两个外，还可能有"m、b、d、g"和喉塞音 [ʔ]。

具体到各小片，其基本状况如下：

1.昌都片

第一，本片一般有 55 个到 69 个韵母，如武宁的泉口有 55 个，安义县有 69 个。

第二，永修、庐山、都昌、安义和修水五地没有撮口呼（如"雨"的韵母读为"i"）。

第三，安义县有五个辅音可以出现在韵尾的位置，分别为"m、n、ng、d"和喉塞音［ʔ］（如"签"读为"qiam"，"千"读为"qian"，"枪"读为"qiang"，"答"读为"dad"，"吃"读为"qiaʔ"），其余各点一般都只有四个辅音韵尾，没有"m"韵尾。

2.宜浏片

第一，本片韵母的数目相差较大，以 50 多个到 65 个为常见，最多 70 个，如宜春市和万载县，最少 47 个，如分宜县。

第二，宜丰县和上高县只有一个鼻音韵尾"n"（普通话还有后鼻音韵尾），但它们还有其他塞音韵尾；其余各地都有两个鼻音韵尾，即"n"和"ng"。

第三，整片都没有撮口呼；宜丰县、上高县方言除了韵母 u 以外，连以 u 为介音的合口呼韵母都没有。

第四，普通话中的"ang"韵母字，在该片各点中主要元音都读为"o"，如"宕"读为"dong"。

3.吉茶片

第一，就大多数方言点来说，本片韵母数是各片中最少的。大多是 40 多个，井冈山市、莲花县和永新县最少，只有 36 个到 39 个。

第二，除吉安市区、吉安县和峡江县三个点无鼻化韵母外，其余各地都有丰富的鼻化韵（鼻化韵与普通话中的鼻音韵母不同，它是指元音在发音时气流同时从鼻腔和口腔出来，可是并不一定带有"m、n、ng"等鼻音韵尾的韵母）。

第三，所有点都有撮口呼，没有例外。

4. 抚广片

第一，本片的韵母普遍较多，抚州市、南丰县都有 73 个，东乡的马圩和黎川的东山次之，有 72 个，其余各点 60 个至 67 个不等，黎川县城最少，只有 59 个。数量多的原因主要在于辅音韵尾多，大多数点都有六个韵尾（"m、n、ng、b、d"和喉塞音［?］）。

第二，普通话中韵母为"ao"的字在宜黄、南城和黎川分立为"ou"和"ao"（如"高"和"效"在黎川方言中分别读为"gou"和"hao"）。

第三，抚州、东乡、宜黄、乐安、金溪五地都没有撮口呼韵母。

5. 鹰弋片

第一，本片各点的韵母数目各有差异，其中，最多的是余干县（68 个），最少的是彭泽县（38 个），以 50 多个为常见，例如景德镇 58 个，万年县 59 个，乐平市 57 个，铅山县 56 个，贵溪市 53 个。

第二，普通话中的"ang"韵母字，彭泽县、景德镇、乐平、万年、余干读为"ong"韵母，弋阳、鄱阳、铅山等地读为"an"或"am"韵母。

第三，贵溪有"m"鼻音韵尾，如"三"读"sam"。

（三）难点韵母分析

1. 前后鼻音韵尾的缺失和错位

普通话有 16 个鼻音韵母：8 个前鼻音韵母（以"-n"为韵尾的

韵母），8个后鼻音韵母（以"-ng"为韵尾的韵母）。韵尾"n"和"ng"分得很清楚。江西省内各地方言则情况不一，主要有以下几类：

第一，无前鼻音韵尾"n"。代表点萍乡市。不管普通话中是前鼻音还是后鼻音韵尾字，萍乡市方言一律读为后鼻音。如"山、商"同音，都读为"shang"。对于这一类方言点的学习者，发好前鼻音是一大难题。

第二，无后鼻音韵尾"ng"。代表点宜丰县和上高县。普通话的后鼻音韵母字在这两个地方都读为前鼻音韵母。如宜丰县方言"羊"读为"ion"，"影"读为"ian"；上高县方言"昌"读为"ton"，"病"读为"pan"。这一类方言点的学习者首先要掌握后鼻音韵母的发音方法，而后还应对字的归属有清醒的认识。

第三，有"-m、-n、-ng"三个鼻音韵尾。这主要出现在赣方言的黎川、抚州、东乡、崇仁、宜黄、南丰、安义、弋阳等地。普通话中没有"m"韵尾，根据语音演变规律，这些方言中读"m"韵尾的字在普通话中一律读为"n"韵尾，故这一类方言点的学习者说普通话时要注意发音部位的改变，"m"韵尾是收音时双唇闭合，而"n"韵尾是收音时舌尖顶住上齿龈。

另外，这些方言中虽有"n""ng"韵尾的对立，但它们的分化规律并不能与普通话完全对应。大多数地方的"ng"韵尾只与元音"a""o"相拼（有"ang、iang、ong"等韵母），没有后鼻音韵母"eng"和"ing"。这一点也是江西省各方言点普遍存在的情况。

第四，普遍存在"on、uon"韵母。普通话8个前鼻音韵母中没有"on、uon"韵母，而江西省赣方言中大部分地方都有"on、uon"韵母，它们对应的分别是普通话的"an"和"uan"韵母。要注意的是，这些方言中也不是没有"an、uan"韵母，准确地说，普通话"an"韵母对应了赣方言中的"on、an"两个韵母，"uan"韵母对应了赣方言中"uon、uan"两个韵母。如普通话"搬""班"同音,但南昌话前者读"bon",后者读"ban";普通话"官""关"同音,而南昌话前者读"guon",后者读"guan"。这种情况较好解决,学习者说普通话时只需将方言韵母"on、uon"的主要元音改读为"a"即可。

第五,"ang"韵母与普通话的错位。如前所述,赣方言大部分地区都有"ang"韵母,但学习者要注意赣方言中"ang"韵母字在普通话中一般不读"ang",而读"eng",如"坑",南昌方言读为"kang",普通话读音是"keng"。普通话中韵母为"ang"的字赣方言中却大都读成了"ong",如"钢",普通话读为"gang",南昌方言则读为"gong"。所以,学习者要掌握它们的对应规律:赣方言中读为"ong"的字在普通话中应改读为"ang",赣方言中读为"ang"的字在普通话中应改读为"eng"。

第六,赣方言中有鼻化韵。鼻化韵是整个韵母(元音)发音时气流同时从口腔和鼻腔流出;而鼻音韵尾在发音时鼻尾音前头的元音在发音的主要过程中并不鼻化,只是到元音与鼻音韵尾相接的时候,才产生一个短暂的鼻音阶段,即最后气流才(也只能)从鼻腔透出。鼻化韵与鼻音韵尾有明显的区别。

江西省内鼻化韵主要分布在吉茶片,吉茶片内部情况也不完全一致。有些地方只有个别几个鼻化韵母,多数是鼻尾音韵母,如泰和县方言只有普通话中的"en、eng、in、ing"韵母发成鼻化韵,其余都是鼻尾音韵母(与普通话相当);有些地方的鼻化韵与前后鼻音同时存在,即元音鼻化后还带一个鼻辅音韵尾,如安福县、万安县方言中"深、真、今、群、困"等发音时在元音鼻化的同时软腭下降,气流最后从鼻腔透出;还有些地方只有少数几个后鼻音韵母,前鼻音韵尾都失落读为鼻化韵,如永新县和莲花县方言中"南、真、念、官、滚、院"等都不读前鼻音,而是读为鼻化韵,但"东、公"等还读后鼻音。

综上，赣方言中前后鼻音问题相当复杂，故学习者应该仔细辨清前后鼻音字。要做到这一点，首先可利用普通话声韵配合规律：

①普通话"d、t"一般不与前鼻音韵母"en"和"in"相拼，只与后鼻音韵母"eng"和"ing"相拼；"n"除"您 nín"外不与"in"相拼，只拼"ing"；"l"不拼"en"，只拼"eng"。故"灯、丁、能"一定是"deng、ding、neng"，而不是"den、din、nen"。

②普通话"eng"与唇音（b、p、m、f）相拼的字，赣方言中韵母往往读为"ong"，如"风"读成"fong"，"崩"读成"bong"。"ong"韵母只拼非唇音声母，不拼唇音声母，即普通话中不可能出现"fong""bong""pong""mong"这类音节。因此，学习者碰到赣方言中唇音声母拼读"ong"韵母的字，说普通话时"ong"一律要改成"eng"。

其次也可以利用偏旁类推字表记忆前后鼻音字。

en 的偏旁类推字：

门——mēn 闷，mén 门、们、扪，mèn 闷、焖，men 们

刃——rěn 忍，rèn 刃、仞、纫、韧、轫

分——pén 盆，fēn 分、芬、吩、纷、氛、酚，fén 汾、棼，fěn 粉，fèn 分、份、忿

壬——rén 壬、任，rěn 荏，rèn 任、饪、妊、衽

本——běn 本、苯，bèn 笨

申——shēn 申、伸、呻、绅、砷，shén 神，shěn 审、婶

贞——zhēn 贞、侦、祯、桢

艮——gēn 根、跟，gèn 艮、茛，kěn 垦、恳，hén 痕，hěn 很、狠，hèn 恨

辰——zhèn 振、赈、震，chén 辰、宸、晨，shēn 娠，shèn 蜃

枕——zhěn 枕，chén 忱，shěn 沈

肯——kěn 肯、啃

参——cēn 参，shēn 参，shèn 渗

贲——bēn 贲，pēn 喷，pèn 喷，fèn 愤

甚——zhēn 斟，shèn 甚、葚，rèn 葚

真——zhēn 真，zhěn 缜，zhèn 镇，chēn 嗔，shèn 慎

eng 的偏旁类推字：

风——fēng 风、枫、疯，fěng 讽

正——zhēng 正、怔、症，zhěng 整，zhèng 正、证、政、症，chéng 惩

生——shēng 生、牲、甥、笙，shèng 胜

成——chéng 成、诚、城、盛，shèng 盛

争——zhēng 争、挣、峥、狰、睁、铮，zhèng 诤、挣

丞——zhēng 蒸，zhěng 拯，chéng 丞

亨——pēng 烹，hēng 亨、哼

更——gēng 更，gěng 埂、绠、哽、梗、鲠，gèng 更，jīng 粳，yìng 硬

呈——chéng 呈、程、酲，chěng 逞

庚——gēng 庚、赓

奉——pěng 捧，fèng 奉、俸

朋——bēng 崩、绷，běng 绷，bèng 蹦，péng 朋、棚、硼、鹏

孟——měng 勐、猛、锰、蜢，mèng 孟

峰——péng 蓬、篷，fēng 峰、烽、蜂，féng 逢、缝，fèng 缝

乘——chéng 乘，shèng 乘、剩、嵊

曾——zēng 曾、憎、增、缯，zèng 赠，céng 层（層）、曾，cèng 蹭，sēng 僧

彭——pēng 澎，péng 彭、澎、膨

楞——léng 塄，lèng 愣

登——dēng 灯（燈）、登、蹬，dèng 凳、澄、磴、镫、瞪，chéng 澄

誊——téng 誊、腾、滕、藤

蒙——mēng 蒙，méng 蒙、朦、曚，měng 蒙、蠓

in 的偏旁类推字：

心——qìn 沁，xīn 心、芯，xìn 芯

今——jīn 今、衿、矜，jìn 妗，qīn 衾，qín 琴、芩，yín 吟

斤——jīn 斤，jìn 近、靳，qín 芹，xīn 忻、昕、欣、新、薪

民——mín 民、岷，mǐn 泯、抿

因——yīn 因、洇、茵、姻、氤

阴——yīn 阴、荫

尽——jǐn 尽，jìn 尽、烬

辛——qīn 亲，xīn 辛、莘、锌

林——bīn 彬，lín 林、淋、琳、霖

侵——jìn 浸，qīn 侵，qǐn 寝

宾——bīn 宾、傧、滨、缤、槟、镔，bìn 摈、殡、鬓，pín 嫔

禽——qín 禽、擒、噙

禁——jīn 禁、襟，jìn 禁、噤

嶙——lín 邻（鄰）、鄰、遴、嶙、辚、磷、鳞、麟

ing 的偏旁类推字：

丁——dīng 丁、仃、疔、盯、钉、酊，dǐng 顶、酊，dìng 订、钉，tīng 厅、汀

并——bǐng 饼、屏，bìng 并，píng 瓶、屏（例外字：bèng 迸，pīn 姘、拼，pián 骈、胼）

宁——níng 宁、拧、咛、狞、柠，nǐng 拧，nìng 宁、泞、拧

丙——bǐng 丙、炳，bìng 病

平——píng 平、评、苹、坪、枰、萍

令——líng 伶、泠、苓、玲、瓴、铃、聆、蛉、翎、零、龄，lǐng 岭、领，lìng 令（例外字：līn 拎，lín 邻）

名——míng 名、茗、铭，mǐng 酩

廷——tíng 廷、庭、蜓、霆，tǐng 挺、梃、铤、艇

形——jīng 荆，xíng 刑、邢、形、型

京——jīng 京、惊、鲸，qíng 黥

定——dìng 定、腚、碇

英——yīng 英、瑛

茎——jīng 泾、茎、经，jǐng 刭、颈，jìng 劲、胫、径、痉，qīng 轻、氢

青——jīng 菁、睛、精，jìng 靖、静，qīng 青、清、鲭，qíng 情、晴、氰，qǐng 请

冥——míng 冥、溟、暝、蟆、瞑

亭——tíng 亭、停、葶、婷

凌——líng 凌、陵、菱、绫

竟——jìng 竟、境、镜

萤——yīng 莺，yíng 荧、莹、萤、营、萦、滢

婴——yīng 婴、樱、撄、嘤、缨、鹦、罂

敬——jīng 儆、警，jìng 敬，qíng 擎

景——jīng 景、憬，yǐng 影

2. 撮口呼发成齐齿呼

撮口呼是指以 ü 为韵头或韵腹的韵母，齐齿呼指以 i 为韵头或韵腹的韵母。普通话四呼齐全，但江西省昌都片的大部分地区（永修、

庐山、都昌、安义、修水)、抚广片的部分地区(抚州、东乡、宜黄、乐安、金溪)都无撮口呼,这些方言中撮口呼一般读成了齐齿呼。如"雨"读作"yi","选"读作"xian"。

学会发"ü"音并不难。大多数发不好"ü"的人主要是由于唇形不够圆,发出的音带有"i"的色彩。的确,"i"和"ü"的舌位高低前后相同,只是唇形圆展不同。练习时,可以先发"i",舌位保持不动,把双唇由平展收拢成圆状,就发出"ü"了。

普通话撮口呼韵母只与"j、q、x"和零声母相拼,而且撮口呼音节只有 24 个(普通话共有 400 个音节),所以记忆并不难。

3. 无卷舌韵母 er

普通话韵母"er"虽用两个字母书写,但从发音性质上看应属于单元音。江西省赣方言中一般没有"er"韵母,且各地对应的韵母不一,情况比较复杂。但总的来说,大都是发成了单一的舌面元音,与普通话"er"的发音相差甚远。要发好"er",首先要解决舌面元音的发音问题。普通话的"er"是在发央元音的基础上,同时带有卷舌动作。各方言对应的韵母与央元音的发音相比,舌位的高低前后往往都有区别。央元音发音时舌位不前不后,不高不低,学习者可先练好央元音,之后再加上一个轻巧的卷舌动作(这只是发音训练,实际"er"是一个单元音韵母,发音时不能切分成两段)。

另外,普通话还有许多儿化韵(即在原音节后加上一个卷舌动作)。儿化韵并不是在原音节的基础上加上一个音节,而是与前一个音节融合在一起。南方方言中普遍不存在儿化韵。学习者只有在发好"er"韵母的基础上,掌握好各音节变读儿化韵的规律,才能攻破这一难关。

（四）韵母练习要点

1. 前后鼻音韵母的辨析与练习

（1）前后鼻音韵母的辨析

由于赣方言与普通话的前后鼻音韵母对应规律极为复杂，故方言区人们需克服畏难心理，掌握好前后鼻音的发音方法。

普通话中共有 8 个前鼻音韵母和 8 个后鼻音韵母，这些韵母发音时以元音为主，元音清晰响亮，由元音逐渐向鼻辅音过渡，最后形成鼻辅音。

前鼻音韵母中韵尾"-n"的发音部位大致等同于声母"n"，各前鼻音韵母在发元音时软腭下降，打开鼻腔通道，舌尖与上齿龈后部闭合，堵住口腔气流，使气流从鼻腔中透出。后鼻音韵母发音的过程是在发元音时软腭下降，打开鼻腔通道，舌根抬起与软腭接触构成阻碍，封闭口腔通道，使气流从鼻腔中透出。

可见，前后鼻音韵母的主要区别在于鼻音的发音部位相异，前鼻音阻碍气流的部位是舌尖与上齿龈后部，后鼻音阻碍气流的部位则是舌根与软腭。

（2）前后鼻音韵母的练习

单音节字的对比练习：

an—ang：

安—脏　寒—航　搬—帮　办—棒　盘—旁　凡—防　饭—放
丹—当　弹—唐　难—囊　赞—藏　三—桑　站—胀　搀—昌
阐—厂　山—伤　然—瓤　冉—嚷　甘—刚　勘—康　看—抗

ian—iang：

烟—央　盐—扬　连—凉　年—娘　奸—江　迁—腔　纤—香

uan—uang：

弯—汪　完—王　万—旺　专—装　穿—窗　栓—霜　环—黄

关—光　宽—框　欢—慌

en—eng:

奔—崩　笨—蹦　喷—怦　闷—孟　分—封　岑—层　谮—赠

真—蒸　诊—整　镇—正　人—仍　跟—耕　痕—衡

uen—ueng:

温—翁　吻—蓊　问—瓮

in—ing:

宾—冰　殡—并　拼—乒　贫—平　民—名　您—宁　林—零

紧—井　尽—镜　亲—清　琴—晴　寝—请　欣—星　信—幸

un—ong:

昆—空　仑—龙　论—弄　馄—红　屯—同　尊—宗　村—匆

存—从　孙—松　谆—中　春—冲　滚—拱　棍—共　昏—轰

双音节词的对比练习：

an—ang:

开饭—开放　惨案—厂房　参天—苍天　嘴馋—嘴长　先知—相知

专门—装门　欢呼—恍惚　新年—新娘　反问—访问　平凡—平房

展出—长出　三叶—桑叶　烂漫—浪漫　扳手—帮手　瞻仰—张扬

en—eng:

分发—风发　诊断—整段　阵势—正式　沈府—省府　陈旧—成就

花盆—花棚　出身—出生　针眼—睁眼　粉刺—讽刺　深耕—生根

in—ing:

红心—红星　禁赛—竞赛　今天—惊天　印象—映像　弹琴—谈情

信服—幸福　临时—零时　劲头—镜头　人民—人名　因而—婴儿

综合练习：

an+an:　灿烂　黯然　男篮　胆敢　寒战　满山　参赞　懒散

an+ang:　担当　站岗　山冈　反抗　饭庄　蛋汤　满厂　船舱

ang+an:	浪漫	当班	伤寒	装憨	航班	榜单	床单	撞衫
ang+ang:	肮脏	帮忙	张扬	上榜	糖厂	烫伤	荡漾	商场
en+en:	根本	分身	深圳	审慎	粉嫩	沉冈	人参	深沉
en+eng:	分成	真诚	认证	深耕	人生	神圣	奔腾	跟风
eng+en:	城门	证人	诚恳	生根	成本	登门	风尘	承认
eng+eng:	冷风	征程	更正	风声	风筝	生成	萌生	
in+in:	近邻	引进	信心	拼音	辛勤	濒临	金银	近亲
in+ing:	亲情	心灵	金星	民兵	品行	进行	拼命	秦兵
ing+in:	平民	精心	定亲	清音	灵敏	静心		
ing+ing:	英灵	命名	惊醒	宁静	倾听	清静	经营	平静	棱形

2. i 与 ü 的辨析与练习

（1）i 与 ü 的辨析

江西省庐山、都昌、安义、乐平、万年、余干、贵溪、余江、东乡、金溪、宜黄、乐安、靖安、奉新、宜丰、上高、万载等地方言中没有以"ü"为韵头或韵腹的韵母，这些地方把普通话中的"i"和"ü"都读成"i"，比如把"下雨"读成"下以"，把"军士"读成"今世"。

从发音过程看，"i"发音时口微开，两唇呈扁平形，上下齿相对，舌尖接触下齿背，使舌面前部隆起和硬腭前部相对；"ü"发音时两唇拢圆，舌尖接触下齿背，使舌面前部隆起和硬腭前部相对。可见，二音发音时舌头的位置和形状都相同，区别在于"i"是不圆唇元音，发音时嘴角明显向两边展开，"ü"是圆唇元音，发音时嘴唇撮成一个小圆。

（2）i 与 ü 的对比练习

单音节字的对比练习：

衣—迂　以—雨　言—园　掩—远　厌—怨　你—女　离—驴

里—吕　机—居　几—沮　计—拒　妻—区　奇—渠　起—娶

气—去　西—需　习—徐　洗—许　戏—序　监—捐　减—卷

健—倦　迁—圈　前—全　切—确　写—雪　夜—月　因—晕

双音节词的对比练习：

利益—利欲　戏曲—序曲　起立—区域　雨季—雨具　集体—具体

切实—确实　燕子—院子　结交—绝交　贤良—悬梁　今世—军士

综合练习：

i+i：　　起立 地理 积极 利益 集体 气息 习题 机器 底细 激励

i+ü：　　戏曲 比喻 依据 谜语 崎岖 抑郁 几许 西去 起居

ü+i：　　虚拟 取缔 据悉 聚集 蓄意 雨季 具体 去意 举旗 语气

ü+ü：　　语句 聚居 须臾 序曲 旅居 区域 雨具 居于 屈居

ie+üe：　谢绝 谢却 协约 夜月 解约 借阅 谐谑

üe+ie：　决裂 确切 学界 学业 血液 月夜 越界 越野

in+ün：　进军 禁运 因循 音韵 音讯

ün+in：　君临 寻衅 云锦

ian+üan：线圈 嫌怨 演员 电源 健全 眼圈 厌倦

üan+ian：眷恋 捐献 卷烟 圈点 权变 全面 宣言 悬念 选编

3. 卷舌韵母 er 的训练

普通话卷舌元音"er"的发音过程是舌位居中，舌尖卷起与硬腭后部相对，唇形展开，软腭上升，封闭鼻腔通道，振动声带而成音。另外，普通话"er"韵母只能独立成音节，比如"而、儿、尔、耳、二"等。

江西省赣方言区除了都昌等个别地方外，一般都没有卷舌韵母，"er"在这些地方对应的往往是"e"或与"e"音值接近的舌面元音，不带卷舌色彩。所以学习者要多花工夫揣摩卷舌的动作，锻炼舌头肌肉。

4.复合元音韵母的训练

普通话中有四个三元音韵母"iao""iou""uai""uei"，这些韵母由韵头、韵腹、韵尾三个元音组成，其中韵头和韵尾发音都相对轻短、含糊，中间的元音响亮清晰。以"iao"的发音过程为例，由舌面前高元音"i"开始，然后舌位往后降至后低元音"a"，之后再向高元音"u"方向滑升。整个发音过程中，舌位从前至后，先降后升，由不圆唇到圆唇，动程较长，曲折幅度大，其中"a"是韵腹，发音最为响亮。

按照拼音拼写规则，"iou""uei"两个韵母如果不是独立成音节，往往需简写成"iu""ui"，如"求qiu""葵kui"，但要注意这只是书写规则，其实际音值仍然是"qiou""kuei"。因为普通话中的三合复元音韵母"iou""uei"在南昌、庐山、都昌、武宁、安义、万年、余干、修水、横峰、贵溪、余江、铅山、东乡、宜黄、崇仁、乐安、南城、黎川、南丰、吉安、泰和、丰城、高安、新余、靖安、奉新、万载、樟树、新干、峡江、宜春、萍乡等地对应的是二合复元音韵母"iu""ui"，比如南昌话"威"读"ui"，"有"读"iu"，也就是说南昌话中它们实际音值就只是两个元音的组合，所以这些地方的学习者要特别重视这一点。

词语练习：

iao：叫嚣	苗条	窈窕	疗效	萧条	巧妙	渺小
iou：优秀	秋游	丢球	流油	久留	悠久	牛油
uai：摔坏	外快	怀揣				
uei：垂危	悔罪	推诿	追尾	归队	会徽	回味

四、赣方言区声调难点分析与训练

（一）声调概说和普通话声调系统概况

我们都知道，普通话中有四个声调：阴平、阳平、上声和去声。这四个声调的实际读值是不一样的，也就是调值不一样。

1. 调值

调值就是声调的实际读值，即声调高低升降的具体变化。为了能够更直观地描述各个声调的实际读值，赵元任先生创造了"五度标记法"：先用一根竖线作为比较线，分为四格五度，分别表示"高、半高、中、半低、低"，依次用数字"5、4、3、2、1"来代表。然后在比较线的左边用曲线或直线表示音节的音高变化形式和升降幅度。用五度标记法来标记普通话的四声如图所示：

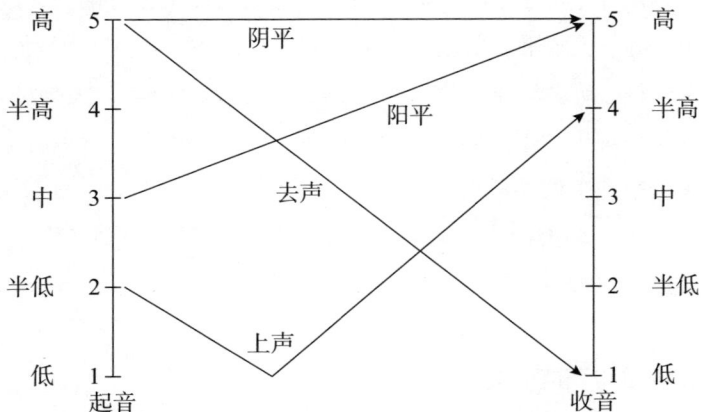

图 2-2　五度标记法标记普通话的四声

阴平的调值高而平，即由 5 度到 5 度，调值为 55，因此阴平又叫高平调或 55 调。

阳平的调值由中到高，即由 3 度升到 5 度，是个高升的调子，调值为 35，因此阳平又叫高升调或 35 调。

上声的调值由半低音先降到低音再升到半高音，即从 2 度降到 1 度再升到 4 度，是先降后升的调子，调值为 214，因此上声又叫降升调或 214 调。

去声的调值由高音降到低音，即由 5 度降到 1 度，是个全降的调子，调值为 51，因此去声又叫全降调或 51 调。

2. 调类

调类是声调的种类，就是把调值相同的音节归纳在一起所建立的类。一般来说，有几种调值就可以归纳为几个调类。普通话有四种不同的调值，所以也就有四种不同的调类。

普通话是从中古汉语演变而来的，在中古时汉语的声调共有四声八类，四声即平、上、去、入，根据声母的清浊又各分两类，故有八个调类：阴平、阳平、阴上、阳上、阴去、阳去、阴入、阳入，比如"通、铜、桶、动、痛、洞、突、毒"分属于上述八个调类。发展到现代，这些调类呈现出"平分阴阳、浊上归去、入派三声"的发展特点，到现代汉语中八个调类只剩下四个。

根据古今调类演变的对应关系，普通话的四个声调名为"阴平、阳平、上声、去声"。

3. 调类与调值的关系

调类的名称与调值没有必然的联系。调类主要是根据"古调类"来命名的，故有阴平、阳平、阴上、阳上、阴去、阳去、阴入、阳入之说。我们在给各地方言确定调类名称时，完全是根据字调的"古名"

而定，只要这个字的古调属阴平，那么，无论在哪种方言，不管它现在的调值是多少，一律命名为"阴平"。比如"高""低""声"等在普通话及赣方言各方言点中一般都应该归入阴平，在普通话中阴平是一个高平调，实际调值是55；余干话中这些字也是阴平，且其阴平调也是一个平调，但音高却比普通话要低一些，实际调值为33；南昌话中这些字同样归属阴平调，可这里的阴平调却是一个降调，是中降调型，实际调值为42；宜春话中这些字读为升调，是中升调型，实际调值为34。

也就是说，不同方言里，调类相同，调值也相同的很少，多数情况下调值不同；调值相同的，也不一定属于同一种调类。

下面以南昌、宜春、吉安、抚州、鄱阳五地为例，说明赣方言与普通话调类、调值的对应关系。

表2-5 江西省赣方言五方言点声调对照表

例字	天	平	古	老	近	放	大	急	各	六	杂	声调数
古调类	平声		上声			去声		入声				4
普通话	阴平55	阳平35	上声214			去声51		分别归阴平、阳平、上声、去声				4
南昌	阴平42	阳平24	上声213		归阳去	阴去44	阳去21	阴入5		阳入1		7
宜春	阴平34	阳平33	上声21			去声213		入声5				5
吉安	阴平334	阳平21	上声53			去声214		分别归阴平和去声				4
抚州	阴平32	阳平24	上声45		归阳去	阴去51	阳去212	阴入2		阳入5		7
鄱阳	阴平21	阳平24	上声42		归阴平	去声35		入声44				5

从上表可以看出：

第一，"天、平"二字在普通话和赣方言各地调类都是平声，但具体调值各不相同，所以同一个调类在不同方言中的具体调值不一定相同；宜春话的"放、大"等去声字调值与普通话上声接近，都是213，即宜春话"放"音近于普通话的"访"，但我们不能说宜春话的"放"读为了上声，所以同一调值在不同方言中不一定是同一个调类。

第二，普通话里古入声已经消失，分别归入了阴平、阳平、上声、去声四个声调，赣方言各地仍保留入声，但具体情况有异。

可见，方言虽然也是由中古汉语发展而来，但其发展轨迹与普通话并不相同，不能把方言中的调类、调值与普通话简单对照，尤其是东南方言中有些地方方言的声调甚至比中古汉语还要复杂，调类多达十几个。

（二）江西省赣方言各片声调概况

江西省赣方言区各地方言调类最少的只有三个（如井冈山），最多的有十个（如永修县）。其他地方的调类大多数为六至七个。可见，方言调类一般比普通话多，所以学习者要注意方言调类与普通话调类的对应关系。

昌都片的调类一般为六至十个，以七个最为常见：南昌市区7个、南昌县7个、永修县10个、德安县9个、庐山市7个、都昌县7个、湖口县6个、安义县8个、武宁县7个、修水县7个。

宜浏片的调类一般为四至七个：分宜县4个、宜春市5个、新干县5个、樟树市5个、宜丰县6个、上高县6个、奉新县7个、靖安县6个、万载县7个、高安市7个、丰城市6个、新余市7个。

吉茶片的调类一般为三至六个，以四、五个为常见：吉安市区4

个、吉安县 4 个、吉水县 4 个、峡江县 4 个、泰和县 4 个、永丰县 4
个、万安县 5 个、永新县 4 个、萍乡市 4 个、遂川县 6 个、安福县 5 个、
莲花县 5 个、井冈山市 3 个。

抚广片的调类一般为六或七个：抚州市 7 个、东乡区 7 个、崇仁
县 7 个、宜黄县 7 个、金溪县 7 个、资溪县 7 个、乐安县 6 个、南丰
县 7 个、广昌县 6 个、黎川县 7 个、进贤县 7 个、南城县 6 个。

鹰弋片的调类一般为五至七个，以五个为常见：彭泽县 5 个、鄱
阳县 5 个、景德镇市 5 个、乐平市 5 个、万年县 7 个、余干县 7 个、
鹰潭市 6 个、余江区 7 个、铅山县 6 个、贵溪市 5 个、横峰县 6 个、
弋阳县 6 个。

（三）江西省赣方言各地各调类与普通话的对应关系

1. 方言阴平调与普通话的对应关系

各方言中的阴平调一般与普通话的阴平（第一声）相对应，但调值
不同。普通话的阴平读为 55 调值，属于高平调。

昌都片：德安县、庐山市、都昌县、湖口县、安义县的阴平读为
平调，但调值比普通话略低，所以这些方言点的学习者在发普通话阴
平字的时候要注意将调值略微提高一些；南昌市区、南昌县的阴平调
则读为降调，一般为中降调型（42），所以应注意调型的改变；武宁
和修水两地为另外一类，它们的阴平调读为升调，一般记为 34 调值，
学习者同样得注意克服调型差异带来的困扰。

宜浏片：各方言点的阴平调型都与普通话不一样，有的读为升
调，分宜县（34）、宜春市（34）、高安市（35）、丰城市（35）和新
余市（35）都属于这类，尤其需要注意的是，高安市、丰城市和新余
市三地的阴平调型、调值与普通话的阳平（第二声）类似，要谨慎对
待；也有部分方言点读为降调，如新干县（53）、宜丰县（32）、上高

县（32）、万载县（31）；樟树市是比较特殊的一类，阴平调读为了降升调型（434），与普通话相去甚远。

吉茶片：该片中的峡江县、永丰县和莲花县三地的阴平调型、调值都与普通话相同，读为55调值；遂川县读为高降调（53）；其他各地包括吉安市区、吉安县、吉水县、万安县、永新县、安福县、井冈山市等都读为升调，调值为34或35；泰和县也读为升调，但它是一个低升调，调值为13。

抚广片：东乡、崇仁、宜黄三地的阴平调实际读法与普通话接近，都是平调，但调值比普通话低，所以练习时注意提高音高就可以了；抚州市、金溪、资溪、黎川与南城的阴平调读为低降调，调值一般为32或者21；南丰、广昌、进贤三地的阴平调则读为了升调；只有乐安县的阴平读为降升调（213），与普通话的差异比较大。

鹰弋片：彭泽县、鄱阳县、景德镇市、余干县、鹰潭市、铅山县、横峰县和弋阳县的阴平调都与普通话的读法极其相似，读为中平调（33）或半高平调（44）；乐平市、万年县、贵溪市三地的阴平调读为降调，调值为32或31；此片只有余江区的阴平调读为了升调。

2. 方言阳平调与普通话的对应关系

方言的阳平调大致对应于普通话的阳平，但也有差异。普通话的阳平读为35调值，终点为5说明音高很高，属于高升调。

昌都片：南昌市区、南昌县、德安县、庐山市、都昌县、修水县的阳平都读为升调，但大部分地区的调值比普通话略低，比如庐山市的阳平为低升（13），调型虽然与普通话一样，但实际读音相差还是比较大；永修和湖口两地阳平调读为了中平调（33），与普通话差异比较大；武宁比较特殊，阳平调读为低降调（21），对于学习者而言调值的转换练习困难较大。

宜浏片：分宜、宜春、丰城三地的阳平调读为了平调；新干、樟树、万载、宜丰、上高、高安的阳平调与普通话接近，都是升调；该片只有新余市的阳平调读为降调，实际读值为42。

吉茶片：此片的永丰县和井冈山两地很特别，其古阴平、阳平合为了一个声调（普通话的声调中阴平、阳平是分为两个声调的）；万安、永新、莲花和井冈山四地的阳平调与普通话一样读为升调，但调值都比普通话低，实际读为13或24；其他各地除了泰和和遂川两地读为中平调外，阳平调都读为降调，且多为低降调。

抚广片：此片除乐安、广昌两地的阳平调读为平调（分别为中平调和高平调）、宜黄读为升降调（453）外，其余各地的阳平调一般读法都与普通话接近，为升调，可在具体音值上也会有细微差别，其中黎川、南城与普通话完全一样，抚州、东乡、崇仁、金溪等地的阳平调值略低于普通话。

鹰弋片：鄱阳县、乐平市、余干县、鹰潭市、铅山县、贵溪市和弋阳县的阳平与普通话的调型一样，也是升调，但调值普遍都比普通话低，因此要注意其细微差别；彭泽县的阳平调实际读值与普通话的阴平一样，要注意区分；万年县的阳平调读为低降调，与普通话的升调正好相反。

3. 方言上声调与普通话的对应关系

普通话的上声是一个降升调型，实际音值记为214；江西赣方言大部分地方与普通话一样，只有一个上声，但也有例外。

昌都片：绝大部分方言点与普通话有比较好的一致关系，如南昌市区、南昌县、永修县、安义县都与普通话一样，上声读为降升调；但都昌正好相反，读为了升降调（351）；德安、庐山、武宁和修水四地读为降调；湖口读为升调；新建的上声很特别，有两个上声调，按照声母的发音情况分类，即以 b、m、f、d、n、l、z、s、zh、sh、g 等辅音为声母的上声字读高升调，记作 45，以 p、t、c、ch、h 等辅音为声母的上声字调值与前者相异，实际读值为 13。

宜浏片：宜丰、上高、万载、新余四地的上声与普通话相似，也读为降升调；分宜、宜春、新干、樟树、高安、丰城等地的上声读为了降调。

吉茶片：除了萍乡的上声读为了升调（35）外，其他各地的上声读法很一致，基本都读为降调，或高降或中降，实际读值为 53 或 31。普通话的上声是降升调型，而方言中的上声或者只有降没有升的部分，或者只有升而少了降的部分，故该方言片学习者在练习上声时，要注意调型的区别，特别重视另外半部分的补充。

抚广片：此片的上声实际读值与普通话有较大的差异。崇仁、宜黄、乐安、进贤四地的上声读为升降调，调型与普通话正好相反，因此语音练习难度较大，方言语调容易呈现顽固势态；抚州、金溪两地上声读为高升调（45）；东乡、广昌和南城三地的上声读为降调，实际读值分别为 51、54 和 41；其余几地包括资溪、南丰和黎川，其上声都读为平调。

鹰弋片：乐平、余干和横峰三地的上声与普通话一样，读为降升调，调值也接近；景德镇正相反，读为了升降调，实际读值为 242；鄱阳、万年、余江、弋阳四地的上声读为降调，而且一般为高降调；鹰潭、铅山、贵溪三地的情况一样，都读成 45 调值的升调；彭泽是个例外，上声读为低平调（11）。

4. 方言去声调与普通话的对应关系

赣方言去声的读法远比普通话要复杂。在古音的保留上，中古阴去和阳去的分化在普通话中已了无踪迹，合成了一个声调，实际调值为 51，是一个全降调，从最高点降到最低点；而赣方言中保留古音去声，分成两个声调的点很多，且实际读音也与普通话相去甚远。

昌都片：此片所有方言点都保留了古阴去和阳去分化的特点，有的点更复杂些，如永修、德安、庐山、湖口和修水都有三个去声，其分化规律相当复杂。对于该方言片的学习者来说，去声是一个发音练习的难点。

宜浏片：去声分为两个声调的只有宜丰、上高、万载和高安四地，其阳去一般与普通话的调值接近，阴去则或平或升；新干、樟树两地只有一个去声，而且读为平调；分宜、宜春和丰城读为降升调，实际读值为 213；新余、靖安的去声与普通话是最相近的，不仅只有一个去声，而且调型也一样，都是降调，不过新余的去声为低降调，所以要注意区别。

吉茶片：该片大部分地区只有一个去声，如吉安市区、吉安县、吉水县、泰和县、永丰县、峡江县、万安县、萍乡市、永新县，其中前五地的去声读为低升调，峡江和万安读为降升调（212），萍乡和永新读为中平调（33）；遂川、安福、莲花三地则有两个去声声调。

抚广片：乐安和广昌两地的去声与普通话相类似，只有一个而且读为降调；其他各地都有两个去声，一般来说阴去读为降调（与普通话的去声读值接近），阳去或读平调或读升调，但调值都较低。

鹰弋片：贵溪、鹰潭和景德镇的去声与普通话在数量与实际读值上都接近；只有一个去声声调的方言点还有鄱阳、乐平和铅山，其中鄱阳的去声读为升调（45），其他两地读为平调（33）；其余各地的去声都有两个，一般都是阴去为升调，阳去为平调或升调。

5. 方言入声与普通话的对应关系

江西全省将近四分之三的地区都保留了入声调类，而且一般带有辅音韵尾。比如"鸽"在普通话中读为"ge"，而在黎川方言中读为"gob"，音节末尾处带有一个"b"韵尾。

前文已述，普通话中没有入声，在声调的演变过程中，普通话中的入声声调消失了，分派到了其他各个声调中，即归并到了四个声调（即阴平、阳平、上声、去声）中，所以普通话只有四个声调。然而江西省大部分地区的方言都保留了古入声，这些方言的入声字一般都带有塞音韵尾，读音短促，如都昌县城话"石"读"sak"，"急"读"jit"，其中"k""t"都是处于音节末尾的辅音。

由于古入声在普通话里的分派情况与方言区别很大，这就给方言区的人学习普通话带来了困难。对方言有入声的人来说，要想知道入声应该归入普通话的哪一类，有一部分字必须下一番死记的功夫。好在 3500 个常用字中的入声字并不多，其中一半以上归入去声，三分之一以上归入阳平，只有少数字归入阴平和上声，而且归入上声的实际上非常之少。为了使学习者能够更好地掌握方言入声与普通话的对应规则，下文将附列出常用字中古为入声普通话今读的声调。

阴平：阿八捌剥逼鳖瘪瘪三钵擦插拆吃出戳答答应搭滴跌督发夹夹肢窝疙胳胳臂鸽搁搁浅割骨骨碌刮鸹郭蝈喝黑忽击缉侦缉激夹疖结接磕瞌哭窟勒抹摸捏拍劈泼扑仆七戚缉漆掐切曲弯曲蛐屈缺塞杀刹失虱湿叔淑刷说缩塌剔踢贴凸秃突托脱挖屋夕吸昔析息螅悉锡膝瞎削歇削压押鸭噎一壹揖约曰扎摘汁只织粥桌揯作作坊

阳平：拔跋白帛薄雹鼻别蹩脖泊舶伯勃渤博搏膊察答回答达得德狄迪的的确笛涤敌嫡迭谍碟蝶叠独读渎毒夺度忖度额乏伐阀罚佛佛仿佛拂伏服幅福辐蝠轧轧帐阁格革隔嗝膈葛胳胳肢国帼合盒颌核涸阖滑猾活及级极吉即哑急疾嫉棘集藉籍颊嚼节杰劫洁捷竭截睫局菊决诀觉绝倔

掘崛獗爵嚼壳咳膜仆璞勺芍舌折十什石识实食拾蚀孰塾熟赎俗习席媳匣侠峡狭辖协挟穴学杂砸凿责则泽择贼扎轧闸铡宅着折哲蜇执直值植侄职妯轴竹烛逐灼镯啄着卒族足昨

上声：百佰伯北笔瘪干瘪卜占卜尺恶恶心法葛姓谷骨骨肉鹄郝给供给脊戟甲胛钾角脚渴抹匹撇乞曲歌曲辱属蜀索塔帖铁血雪乙眨窄只嘱

去声：必弼毕哔碧壁璧辟别别扭不策侧测厕恻册彻澈撤叱斥赤绌黜畜牲畜触辍绰龊促猝簇错的目的厄扼呃鄂愕鳄遏恶发复腹蝮个各吓褐赫鹤壑划或惑霍寂鲫剧倔克刻客嗑酷扩括阔廓腊蜡辣癞乐勒肋力历沥立粒笠栗列冽烈裂劣猎六陆录禄鹿漉戮律率绿氯掠洛落骆络麦脉觅密蜜灭蔑篾末沫抹茉没陌莫寞墨默木目睦牧穆幕纳捺衲逆匿溺昵聂蹑镍孽虐疟诺僻辟魄朴瀑泣洽恰壳切窃惬却雀确鹊热日肉褥入弱若萨涩瑟塞闭塞煞霎设涉慑摄式饰室适释术述束刷率蟀硕速肃宿夙粟沓踏挞榻蹋忑忒特惕帖拓袜沃握勿物隙吓泄屑恤畜蓄续血轧药钥叶业页液腋亦奕译驿抑邑佚轶役疫易益溢逸翼亿臆屹蜴玉育郁狱浴欲域月乐岳钥悦阅跃越粤仄栅这浙帜质炙秩祝筑作

（四）赣方言区各地声调的练习要点

1.练习要点

第一，方言与普通话的声调对应关系要注意调类归并的区别，赣方言中心地带——鄱阳湖周围和赣江中下游地区的调类分化比较复杂，所以调类较多，比如永修、修水、都昌等地的调类多达十个。也有一些地区的声调系统极其简单，比如井冈山只有三个声调。从大多数地区看，今调类与中古音的大致对应规律是：平声分阴阳，即分为阴平、阳平（普通话也如此）；上声一个调类；去声有两个调类的，也有一个调类的；入声有两个调类的，也有一个调类的。所以总体看来六至八个调类是比较普遍的。

第二，即使是同一调类，也应该注意它们在实际读值上的差别。也就是说，方言区的人们要掌握普通话的声调，除了要把握每个汉字调类的归属，还应读准每个声调的调值。调类（阴平、阳平、上声、去声等）、调型（平调、升调、降调等）与调值三个概念实际上有着完全不同的内涵，在练习普通话时，要注意三者结合。

第三，普通话中入声已经完全归并到其他声调中，而江西省赣方言区除吉茶片的部分地区（如吉安市、吉水县、泰和县、萍乡市等），其他大部分地区都保留了古入声。有入声的方言大致分两种情况，一类入声读音短促，韵母带有塞音韵尾；另一类入声读音没有短促之感，也不带"b、d、g"等塞音韵尾，比如鄱阳。江西省各方言点的入声一般属前一种情况。因为普通话已经没有短促的入声调了，所以学习者说普通话时应特别注意不要出现促音，比较有效的做法就是进行音节的拉长训练，把入声字读成普通话中的同音字，以体会拖音色彩。

2.声调练习

阴平：	八	妻	吃	掰	簪	遭	西	宣	通	杀	非
阳平：	拔	齐	迟	白	咱	凿	习	旋	铜	啥	肥
上声：	把	起	尺	摆	攒	早	洗	选	桶	傻	翡
去声：	爸	气	斥	拜	赞	造	细	眩	痛	霎	费

五、普通话中的语流音变现象

人们在交流中是以句子为基本交流单位的，音节组合后由于相互影响会发生各种语音变化，即语流音变。普通话语流音变现象中，最常见的是轻声，儿化，上声、去声、"一"和"不"的变调以及语气词"啊"的音变。赣方言各地一般都没有完全相对应的音变，如果在学习普通话的过程中不能很好地掌握并表现出这些语音的变化，语音的标准程度就会大打折扣。

（一）普通话轻声的规律和练习

1. 普通话轻声概况

普通话中的轻声是指在一定的条件下读得既短又轻的调子。例如"我们"中的"们"，单念时是阳平声调，跟在人称代词后面失去了本调，读得既短又轻，这就是轻声。轻声并不是除四声之外的又一个声调，而是四声在一定条件下出现的特殊音变现象。而且，轻声是语流中的一种音变现象，只能体现在词语和句子中，不能独立存在，固定读轻声的单音节助词、语气词也不例外。

轻声与声调不同。一方面，声调中起主要作用的是音高，音高的升降模式和幅度决定了声调的类型；轻声中起主要作用的是音长和音强，一个音节，音长变短，音强变弱，就成了轻声。另一方面，声调的每个调类都有自己固定的音高模式，而轻声的音高取决于它前面音节的音高模式，与轻声音节的本调没有关系。一般来说，上声后面的轻声的音高比较高，阳平次之，阴平再次之，去声最低。

（1）轻声的读法

阴平 + 轻声 —→ 55+ . I 2（半低）

哥哥　　刀子　　拉着　　听吧

阳平 + 轻声 —→ 35+. I 3（中调）

头发　　棉花　　来了

上声 + 轻声 —→ 214（35/21）+. I 4（半高）

等等　　可以　　姥姥　　有的

去声 + 轻声 —→ 41+. I 1（低）

豆腐　　去了　　去吧

轻声表现为丢失音节本调，而且还会引起音节声母和韵母音色的变化。

第一，使原清塞音、清塞擦音变成相应的浊塞音、浊塞擦音。如"哥哥"后一音节读轻声，声母由清塞音变成浊塞音。

第二，使原高元音或低元音向央元音靠拢，韵母变得比较含混。如"哥哥"的后一音节，"哥"读本调时韵母为半高元音，读轻声时韵母变为央元音；再如"茄子"的后一音节"子"，读本调时韵母为舌尖前元音，读轻声时韵母变成央元音。

第三，有时引起韵母或声母的脱落。如"豆腐"一词中轻声音节"腐"的韵母会脱落。

（2）轻声的作用

普通话中，有些轻声音节具有区别意义和区分词性的作用。

第一，区别意义。例如（以下各组词中前一个是轻声词）：

老子 父亲——老子 人名

东西 物件——东西 东边和西边

本事 本领——本事 文学作品所据的故事

虾子 虾——虾子 虾卵

第二，区分词性。例如：

大意 形容词——大意 名词，主要的意思

练习 动词——练习 名词

生气 名词，活力，生命力——生气 动词

扑腾 动词——扑腾 pūténg，拟声词

2. 普通话中必读轻声词的规律

普通话轻声词语很多，为了方便方言区学习者练习掌握，我们把轻声词分为"有规律的"和"约定俗成的"两大类。

（1）有规律的轻声词。普通话里许多轻声与词义、语法成分有密切关系。语法成分应该读轻声的主要有：

第一，语气词"啊、吧、吗、呢"等。例如：

说啊　　走吧　　看吧　　吃吗　　远着呢

第二，名词或代词后缀"们、巴、子、头"等。例如：

我们　　下巴　　椅子　　石头

要注意辨析"子、头"两个语素在词语中的两类作用，一类是有实义的词根，需读本调，不能变调；另一类为词缀，必须读轻声。比如"莲子"和"帘子"，"子"在这两个词中的作用完全不同，"莲子"中的"子"是"种子、果实"的意思，应该读为本调——上声；"帘子"则是个轻声词，"子"主要起成词作用，是词缀。再比如"头"在"蛇头""舌头"两个词中也分别是词根和词缀，因为"蛇头"意思是"蛇的头部"，"头"有实义；"舌头"中的"头"位于名词性词根"舌"后起成词作用。

第三，助词"的、地、得"和"着、了、过"。例如：

我的书　慢慢地跑　跑得快　看着　来了　吃过

第四，方位词"上""下""里""外""边""面"等。例如：

地上　　树下　　家里　　那边

第五，叠音词和重叠动词的第二个音节。例如：

看看　　说说　　了解了解　熟悉熟悉

副词和拟声叠音词不能变读为轻声，如"匆匆""明明""渐渐""哗哗""喇喇"等。

第六，趋向动词置于动词后充当补语。例如：

走来　　跳起来　　坐下去　　看上去　　醒过来　　晕过去

（2）约定俗成的轻声。普通话里除了上面六类有规律可循的轻声词外，还有一大批词第二个音节习惯读轻声，这部分词往往没有特别的规律可循，而是约定俗成的，学习者要尤其留意。例如：

照顾	喜欢	明白	聪明	干净	知道	热闹	舒服
糊涂	阔气	太阳	衣服	耳朵	大夫	玻璃	爷爷

3. 赣方言轻声与普通话的对比

赣方言各地也有轻声现象，但读值、规律都与普通话有明显的不同。比如南昌话，不仅单字调会对轻声读值产生影响，词的内部结构也对其有一定的制约作用。

再比如赣方言高安（灰埠）话，根据谌剑波（2005）的研究，高安（灰埠）话的轻声有高、中、低三种调值，分别是高轻声5、中轻声3和低轻声2。轻声调值有的与本字单字调有关；有的与前字单字调有关；有的与本字或前字的单字调均无关，而与语法有关。由于轻读，轻声字的声母、韵母往往会发生种种变化。

4. 轻声的发音练习

对于赣方言区的学习者而言，轻声词的掌握有两大难点。

第一是辨析，即要能判断哪些词必须读为轻声，并形成一个良好的轻声语感。学习者可以借助《现代汉语词典》学习判断轻声词，轻声词分为两类，一类为"重·轻"格式，《现代汉语词典》中注音不标调号，注音前加圆点，如"清楚 qīng·chu"；另一类为"重·次轻"格式，这类词一般轻读、间或（偶尔）重读，《现代汉语词典》中注音上标调号，注音前再加圆点，如"客人 kè·rén"，表示"客人"中的"人"，一般读轻声，有时也可以读阳平。对后一类格式的词语，后音节轻读，则语感自然，是普通话水平较高的表现之一。

第二是读音，在明确了轻声词范围的基础上，还得发好轻声音节，掌握好轻声的韵律节奏。轻声总体而言是一种轻短模糊的调子，与原音节相比，音高和音长都有变化：音高上轻声音节失去原有的声调调值，具体音值取决于前音节的声调；音长也大大缩短，短于正常重读音节的长度。

阴平 + 轻声（55+.丨2）：

称呼	差事	巴掌	灯笼	耽误	风筝	疙瘩	眯缝	清楚	欺负
收拾	商量	鸽子	先生	乡下	疏忽	知识	窗户	折腾	庄稼
溜达	交情	精神	窟窿	结实	功夫	关系	规矩	高粱	胳膊

阳平 + 轻声（35+.丨3）：

柴火	胡琴	眉毛	累赘	难为	行李	学生	云彩	琢磨	舌头
石榴	时候	学问	头发	模糊	便宜	人家	奴才	牌楼	朋友
脾气	萝卜	麻利	麻烦	忙活	媒人	苗条	名堂	明白	丸子

上声 + 轻声（214（35/21）+.丨4）：

打算	本事	火候	喇嘛	脑袋	哑巴	喜欢	委屈	尾巴	爽快
妥当	眼睛	首饰	稳当	晚上	嘴巴	使唤	暖和	马虎	老实
买卖	女婿	饺子	骨头	寡妇	耳朵	扁担	补丁	点心	伙计

去声 + 轻声（51+.丨1）：

动静	棒槌	客气	厚道	告诉	架势	热闹	认识	木匠	跳蚤
钥匙	秀才	位置	唾沫	下巴	特务	世故	月亮	栅栏	帐篷
漂亮	扫帚	念叨	利落	利索	痢疾	困难	见识	护士	记性

（二）普通话的儿化规律和练习

1. 普通话儿化的性质

"儿化"指的是"儿"韵的音节与它前面一个音节的韵母结合成一个新的音节并使这个音节的韵母带上卷舌音色的一种特殊音变现象。儿化用拼音字母书写是在原韵母之后加一个"r"来表示，在书面语中用汉字"儿"记录，例如"大红花儿 huār""小鸟儿 niǎor"。

注意这些词里的"儿"字既不独立自成音节，也不变成前一个音节的韵尾，而只是表示一种卷舌作用，给前一个音节韵母以影响，使它发生音质的变化，带上一种卷舌的音色。所以，儿化实质上是一种合音，但又不是两个音节机械地加合在一起，而是"儿"韵音节有机地"化"进了原来的音节并成为一个新的韵母，其中包含了一系列的音变规律。

2. 普通话儿化的规律

根据儿化后原韵母发生的变化，儿化规律大致分为以下几类：

（1）不变，指原韵母基本不变，直接加卷舌元音 er。例如：

哪儿 nǎr   瓜儿 guār   坡儿 pōr

这种音变见于原韵母韵腹或韵尾是 a、o、e、ê、u 的韵母的儿化。普通话中共有 a、ia、ua、o、uo、ao、iao、ou、iou、e、ie、üe、u 等 13 个韵母的儿化用这种音变方式。

（2）脱落，原韵母中的韵尾失落，在主要元音上加卷舌动作。例如：

（小）孩儿 háir —→ hár

（花）园儿 yuánr —→ yuár

这种音变见于原韵母的韵尾为 i 或 n 的韵母的儿化。普通话中共有 ai、ei、uai、uei、an、ian、uan、üan、en、uen 等 10 个韵母的儿化用这种音变方式。

（3）更换，更换原韵母中的主要元音，如果原韵母为舌尖元音，则换为央元音 [ə]；如果原韵母为后鼻音韵母，则换为各主要元音的鼻化元音，并加卷舌动作。例如：

汁儿 zhīr —→ zher（e 念 [ə]）

刺儿 cìr —→ cer（e 念 [ə]）

亮儿 liàngr —→ liãr（波浪线表示鼻音化）

　　普通话中采取这种音变方式进行儿化的韵母共有 -i［ɿ］（"zi、
ci、si"三个音节的韵母）、-i［ʅ］（"zhi、chi、shi、ri"四个音节的
韵母）、ang、iang、uang、eng、ueng、ong、iong 等 9 个韵母。后
鼻音韵母 ing 的儿化音变方式例外。

　　（4）增音。原韵母是 i、ü 时，在原韵母后加上［ə］再儿化，i、
ü 仍保留；原韵母是 in、ün 时，先丢掉韵尾 n，然后在主要元音后加
上央元音［ə］再儿化；原韵母为 ing 时，首先丢掉韵尾 ng，然后加
鼻化的央元音［ə̃］再儿化。例如：

（小）鸡儿　　jīr　　　⟶　　jier（e 念［ə］）

（小）曲儿　　qǔr　　　⟶　　quer（e 念［ə］）

　　今儿　　　jīnr　　　⟶　　jier（e 念［ə］）

　　裙儿　　　qúnr　　　⟶　　quer（e 念［ə］）

　　钉儿　　　dīngr　　　⟶　　diẽr（ẽ 念［ə̃］）

　　普通话中采取这种音变方式进行儿化的韵母共有 i、ü、in、ün、
ing 等 5 个。

　　由以上音变现象可见，普通话中的儿化各韵，都只是韵腹或韵尾
有所改变，韵头不变。

　　普通话中由于韵母儿化之后产生了分化和合并，因此只有 26 个
儿化韵。如下表所示。

表 2-6　普通话儿化音变表

儿化韵	原韵母	例　字
［ar］	a、ai、an	把儿　牌儿　盘儿
［iar］	ia、ian	芽儿　尖儿
［uar］	ua、uai、uan	花儿　拐儿　罐儿
［yar］	üan	院儿
［or］	o	婆儿

儿化韵	原韵母	例　字
〔uor〕	uo	窝儿
〔aur〕	ao	刀儿
〔iaur〕	iao	票儿
〔ər〕	-i〔ɿ〕、-i〔ʅ〕、ei、en	丝儿　枝儿　黑儿　根儿
〔iər〕	i、in	鸡儿　今儿
〔uər〕	uei、uen	柜儿　棍儿
〔yər〕	ü、ün	鱼儿　裙儿
〔er〕	e	歌儿
〔ier〕	ie	叶儿
〔yer〕	üe	旦角儿
〔ur〕	u	屋儿
〔our〕	ou	钩儿
〔iour〕	iou	球儿
〔ãr〕	ang	缸儿
〔iãr〕	iang	亮儿
〔uãr〕	uang	筐儿
〔ə̃r〕	eng	灯儿
〔iə̃r〕	ing	影儿
〔uə̃r〕	ueng	瓮儿
〔ũr〕	ong	空儿
〔iũr〕	iong	熊儿

3. 普通话儿化的作用

儿化在普通话词汇中具有区别词义和辨别词性的作用，这种儿化词一定不能把儿化韵丢失，否则就会产生歧义。

普通话中儿化有以下三个方面的作用：

（1）区分词性

有些儿化词具有区分词性的作用。动词、形容词儿化后往往变成名词，一些名词儿化后会成为量词。例如：

盖（动词）—盖儿（名词）

画（动词）—画儿（名词）

错（形容词）—错儿（名词）

黄（形容词）—黄儿（名词）

手（名词）—（一）手儿（量词）

车（名词）—（一）车儿（量词）

（2）区别词义

有些词儿化后具有另外的意义。例如：

信（信件）—信儿（消息）

头（大脑）—头儿（负责的人）

门（进出口）—门儿（办法）

（3）由语素"儿"产生的儿化音节，往往带有细小、亲切或喜爱的感情色彩。例如：

猫—猫儿　　　　皮球—皮球儿　　　　小曲—小曲儿

粉末—粉末儿　　老头—老头儿　　　　小孩—小孩儿

以上各例中的词儿化后都带上了明显的感情色彩。

4. 方言儿尾与普通话儿化的对比

普通话儿化指的是"儿"韵的音节与它前面一个音节的韵母结合成一个新的音节并使这个音节的韵母带上卷舌音色的一种特殊音变现象。大多数北方方言中有与普通话儿化类似的音变现象，因为"儿"尾在普通话及北方方言中多读为卷舌元音［ər］。

赣方言部分地区有儿尾词，要注意儿尾与儿化是两种不同的现象。

一方面，赣方言儿尾词中的"儿"仍独立成音节，与儿化中的"儿"与前一音节韵母完全融合不同，比如黎川话"勺儿""棍儿"分别读为［soʔ⁵ iº］［kun⁴² iº］，"儿"的读音是［iº］，是一个独立的音节，性质不同于普通话的儿化。另一方面，赣方言儿尾多读为韵母为"i"的音节，如南昌话中读为"li"，宜春话中读为"di"等，所以赣方言中有儿尾词，没有儿化韵。

5.普通话儿化韵练习要点

赣方言各方言点基本都没有卷舌韵母"er"，也没有普通话的卷舌儿化。所以对于学习者来说，首先要掌握"er"的发音特点。"er"发音时口腔自然开启，舌位不前不后不高不低，舌前、中部上抬，舌尖向后卷，和硬腭前端相对。其次，要了解各韵母的儿化规律。儿化并不是在前一个音节后加上"儿"韵，如果读儿化词时"儿"仍然单独成一个音节，那读音必然有误。

《普通话水平测试实施纲要（2021年版）》中以"普通话水平测试用儿化词语表"形式列出了必读儿化词，为了有针对性地帮助大家练习，下面将其排列如下：

"a、ai、an"的儿化韵是［ar］：板擦儿、打杂儿、刀把儿、号码儿、没法儿、戏法儿、找碴儿、壶盖儿、加塞儿、名牌儿、小孩儿、鞋带儿、包干儿、笔杆儿、快板儿、老伴儿、脸蛋儿、脸盘儿、门槛儿、收摊儿、蒜瓣儿、栅栏儿

"ia、ian"的儿化韵是［iar］：掉价儿、豆芽儿、一下儿、半点儿、差点儿、坎肩儿、拉链儿、聊天儿、露馅儿、冒尖儿、扇面儿、馅儿饼、小辫儿、心眼儿、牙签儿、一点儿、有点儿、雨点儿、照片儿

"ua、uai、uan"的儿化韵是［uar］：大褂儿、麻花儿、马褂儿、脑瓜儿、小褂儿、笑话儿、牙刷儿、一块儿、茶馆儿、打转儿、大腕儿、

饭馆儿、拐弯儿、好玩儿、火罐儿、落款儿

"üan"的儿化韵是〔yɑr〕：包圆儿、出圈儿、绕远儿、人缘儿、手绢儿、烟卷儿、杂院儿

"o"的儿化韵是〔or〕：耳膜儿、粉末儿

"uo"的儿化韵是〔uor〕：被窝儿、出活儿、大伙儿、火锅儿、绝活儿、小说儿、邮戳儿、做活儿

"e"的儿化韵是〔er〕：挨个儿、唱歌儿、打嗝儿、单个儿、逗乐儿、饭盒儿、模特儿

"ie"的儿化韵是〔ier〕：半截儿、小鞋儿

"üe"的儿化韵是〔yer〕：旦角儿、主角儿

"–i〔ʅ〕、–i〔ɿ〕、ei、en"的儿化韵是〔ər〕：瓜子儿、没词儿、石子儿、挑刺儿、记事儿、锯齿儿、墨汁儿、刀背儿、摸黑儿、把门儿、别针儿、大婶儿、刀刃儿、高跟儿鞋、哥们儿、后跟儿、花盆儿、老本儿、面人儿、纳闷儿、嗓门儿、小人儿书、杏仁儿、压根儿、一阵儿、走神儿

"i、in"的儿化韵是〔iər〕：垫底儿、肚脐儿、玩意儿、针鼻儿、脚印儿、送信儿、有劲儿

"uei、uen"的儿化韵是〔uər〕：耳垂儿、墨水儿、跑腿儿、围嘴儿、一会儿、走味儿、冰棍儿、打盹儿、光棍儿、开春儿、没准儿、胖墩儿、砂轮儿

"ü、ün"的儿化韵是〔yər〕：毛驴儿、痰盂儿、小曲儿、合群儿

"u"的儿化韵是〔ur〕：泪珠儿、梨核儿、没谱儿、碎步儿、媳妇儿、有数儿

"ao"的儿化韵是〔ɑur〕：半道儿、灯泡儿、红包儿、叫好儿、绝着儿、口哨儿、口罩儿、蜜枣儿、手套儿、跳高儿

"iao"的儿化韵是〔iɑur〕：豆角儿、火苗儿、开窍儿、面条儿、

跑调儿、鱼漂儿

"ou"的儿化韵是〔our〕：个头儿、老头儿、门口儿、年头儿、纽扣儿、线轴儿、小丑儿、小偷儿、衣兜儿

"iou"的儿化韵是〔iour〕：顶牛儿、加油儿、棉球儿、抓阄儿

"ang"的儿化韵是〔ɑ̃r〕：赶趟儿、瓜瓢儿、香肠儿、药方儿

"iang"的儿化韵是〔iɑ̃r〕：鼻梁儿、花样儿、透亮儿

"uang"的儿化韵是〔uɑ̃r〕：打晃儿、蛋黄儿、天窗儿

"eng"的儿化韵是〔ə̃r〕：脖颈儿、钢镚儿、夹缝儿、提成儿

"ing"的儿化韵是〔iə̃r〕：打鸣儿、蛋清儿、花瓶儿、火星儿、门铃儿、人影儿、图钉儿、眼镜儿

"ueng"的儿化韵是〔uə̃r〕：小瓮儿

"ong"的儿化韵是〔ũr〕：抽空儿、果冻儿、胡同儿、酒盅儿、门洞儿、小葱儿

"iong"的儿化韵是〔iũr〕：小熊儿

（三）普通话各类变调和练习

普通话中，两个或两个以上音节连在一起时，音节所属调类的调值有时会发生变化，这种语音变化就是音变中的变调。

变调是相对于单字调而言的。所谓单字调，是指音节在单读时的调值，例如"土"单念时读为"tu²¹⁴"，"214"就是它的单字调调值。单字调是音节声调的基本形式，又叫"本调"。变调是从单字调变化出来的调值，例如"土"在"土改"一词中，调值需由"214"变为"35"，所以"35"调值就是"土"这个音节的一个变调。普通话中常见的变调有上声变调、"一、不"的变调。

1. 上声变调

（1）普通话上声的变调规律

上声字单念或在词语末尾的时候，不变调，但如果在下列情况下必须变调：

第一，上声在上声音节前，前一个上声音节调值一般由 214 变为 35，近似于阳平调值。例如"野草、了解、演讲、友好、领导"。

上声音节的这种变调，实际上是异化音变。两个上声相连，读起来拗口、不方便，因此前一个上声异化，调值读成 35。

第二，在非上声（阴平、阳平、去声）音节之前，上声音节调值由 214 变为 21（半上）。例如"首都、祖国、海报、解放"。

上声的调型是降升调，有两个阶段，先降后升，过程较长。在阴平、阳平、去声之前，由于连读和语速的影响，上声只降不升，实际上只读出了上声的前一个阶段。

第三，在轻声音节前，上声有两种变调现象：

①上声在非上声转化来的轻声前变为半上 21。例如：

我的、怎么、仿佛、两个、尾巴、里头

②上声在上声转化来的轻声前变为 35 或半上 21。例如：

阳平 35+ 轻声：小鬼、可以、水里、手脚、等等

半上 21+ 轻声：老子、耳朵、椅子、嫂嫂、马虎

上声在轻声音节前的变调大致可以看成是由上声在非轻声音节前的变调规律派生出来的。

第四，普通话三音节、四音节甚至更多音节连读时，如果其中包括上声音节，一般先分段，结构更紧密的为一段，然后再根据上述规律变调。例如：

"指导费"结构中，"指导"结合最紧，所以先变为"阳平 + 上声"，"指导"再与"费"组合，最后变为"阳平 + 半上 + 去声"。

"买手表"结构中，"手表"结合更紧密，所以先变为"阳平＋上声"；然后与"买"组合，也就是"上声＋阳平＋上声"，所以最后变为"半上＋阳平＋上声"。

"手表厂"结构中，也是"手表"结合更紧密，所以先变为"阳平＋上声"；然后与"厂"组合，也就是"阳平＋上声＋上声"，所以最后变为"阳平＋阳平＋上声"。

可见，三个上声音节组合而成的结构的音变规律取决于其内部结构，如果是"买｜手表"类的结构，音变方式为"半上＋阳平＋上声"；如果是"手表｜厂"类的结构，音变方式则是"阳平＋阳平＋上声"。学习者一定要注意区分。

四音节结构中，比如"领导了解"，先两两组合，"领导"结合紧密，变为"阳平＋上声"；"了解"结合紧密，也变为"阳平＋上声"；然后再四音节组合，最后读为"阳平＋半上＋阳平＋上声"。

（2）上声变调的练习

赣方言大部分地区上声的调值与普通话不同，所以人们对普通话上声的变调往往不敏感，对于这类变调现象要专门练习。

上声＋阴平读为21+55：

| 指标 | 古诗 | 北京 | 组织 | 广播 | 手工 |
| 小说 | 导师 | 省心 | 改编 | 感激 | |

上声＋阳平读为21+35：

| 指南 | 古琴 | 北朝 | 组成 | 广博 | 手雷 |
| 小名 | 导读 | 省油 | 改革 | 感情 | |

上声＋上声读为35+214：

| 指导 | 古典 | 北海 | 组长 | 广场 | 手指 |
| 小炒 | 导体 | 省长 | 改口 | 感慨 | |

上声＋去声读为21+51：

指示	古代	北宋	组建	广大	手册
小菜	导电	省略	改进	感谢	

三音节：

35+35+214：展览馆　洗脸水　古典舞　勇敢者　选举法　演讲稿

21+35+214：撒火种　冷处理　耍笔杆　小两口　纸老虎　买水果

2.“一”和“不”的变调

“一”是阴平字，本调是55；“不”是去声字，本调是51。它们在语流中经常会受到前后音节的影响，产生变调。

（1）“一”和“不”的变调规律

第一，“一”“不”单念或用在词句末尾，以及“一”在序数中，声调不变，读本调，“一”念阴平，“不”读去声。例如：

一二三　　第一　　十一　　唯一　　偏不　　我不

第二，在去声前，一律变阳平。例如：

一向　　一样　　一致　　一岁　　一个

不怕　　不像　　不去　　不碎　　不大

第三，在非去声前，“一”变去声，“不”不变调。例如：

一家　　一直　　一年　　一本　　一两

不佳　　不好　　不直　　不严　　不狠

第四，“一”嵌在重叠式的动词之间，“不”用于动词与补语之间，都变轻声。例如：

想一想　　试一试　　考一考　　做一做

差不多　　挡不住　　行不行　　受不了

（2）“一”和“不”的综合变调练习

一尘不染　　不可一世　　一毛不拔　　一窍不通

一蹶不振　　不管不顾　　不卑不亢　　不伦不类

不折不扣　　不慌不忙　　不清不楚　　不屈不挠

一蓑一笠一渔舟，一个渔翁一钓钩。一拍一呼还一笑，一人独占一江秋。

一帆一桨一叶舟，一个渔翁一钓钩。一俯一仰一顿笑，一江明月一江秋。

（四）普通话语气词"啊"的音变和练习

普通话中"啊"的读音是"a"，当它位于句末作为语气词使用时，因受前一音节韵母的影响，常常会发生各种变化。

1. "啊"的音变规律

（1）"啊"前一音节末尾的音素为 i、ü、a、o、e、ê 时，"啊"读成"ya"，写作"呀"。例如：

来呀。（lái ya）

你怎么打他呀。（tā ya）

你说呀。（shuō ya）

我们怎么去呀？（qù ya）

好大的雪呀！（xuě ya）

这么多的鱼呀！（yú ya）

这孩子多可爱呀！（ài ya）

好甜的苹果呀！（guǒ ya）

快点儿写呀！（xiě ya）

多陡的坡呀！（pō ya）

（2）"啊"前一音节末尾的音素为 u（包括韵母"u、ou、iou、ao、iao"）时，"啊"读成"wa"，写成"哇"。例如：

跑哇。（pǎo wa）

你不要哭哇。（kū wa）

你快走哇。（zǒu wa）

这么弯的路哇！（lù wa）

好漂亮的衣服哇！（fú wa）

房间这么小哇！（xiǎo wa）

好哇！（hǎo wa）

好漂亮的一座桥哇！（qiáo wa）

抓小偷哇！（tōu wa）

这么重的担子谁能挑哇！（tiāo wa）

（3）"啊"前一音节末尾的音素为 n、ng 时，"啊"分别读成"na、nga"，其中 na 可以写成"哪"，nga 仍然写成"啊"。例如：

菜真咸哪。（xián na）

天啊！（tiān na）

苹果好甜啊！（tián na）

真有意思的小品啊！（pǐn na）

什么人啊！（rén na）

行啊！（xíng nga）

大家唱啊（chàng nga）跳啊（tiào wa），高兴极了！

大点声啊！（shēng nga）

他可真是个英雄啊！（xióng nga）

她们俩长得真像啊！（xiàng nga）

（4）"啊"前一音节为"zi、ci、si"和"zhi、chi、shi、ri、er"时，"啊"分别读为"za"和"ra"，书面上仍写作"啊"。例如：

这是他的字啊。（zì za）

他就是王老四啊。（sì za）

彼此彼此啊。（cǐ za）

这是第几次啊？（cì za）

快看，蚕在吐丝啊！（sī za）

他这个人就是这么二啊！（èr ra）

这是什么纸啊！（zhǐ ra）

你快点吃啊！（chī ra）

这么年轻的老师啊！（shī ra）

你试试啊！（shì ra）

以上所述，可以归纳成表2-7。

表2-7　普通话语气词"啊"的连读音变表

"啊"前面 音节的韵母	前音节 末尾的音素	"啊" 音变	词例	汉字 写法
u、ao、iao、ou、iou	[u]	a → ua	好哇	哇
an、ian、uan、en、in、uen、ün	n	a → na	看哪	哪
ang、iang、uang、eng、ing、 ueng、iong	ng	a → nga	听啊	啊
-i	[ɿ]	a → za	字啊	啊
-i	[ʅ]	a → ra	纸啊	啊
a、ia、ua、o、uo、e、ie、i、 ai、uai、ei、uei、ü	除上面五个音素 之外的其他音素	a → ia	他呀	呀

2. "啊"的综合练习

（1）这孩子真调皮啊 ia！

（2）这是个什么字啊 za，好难写啊 ia！

（3）楼这么高啊 ua！

（4）节假日时旅游区真是人山人海啊 ia！

（5）说好普通话真难啊 na！

（6）你找他有什么事啊 ra！

（7）这么高跳下去？不敢啊 na！

（8）这种新型机器谁都不会用啊 nga！

（9）好大的虾啊 ia！

（10）今年国庆节阅兵真隆重啊 nga！

（11）生活啊 ia 生活，多么美好！

（12）这菜真好吃啊 ra！

（13）他呀，谁都不怕啊 ia！

（14）地上好多的血啊 ia！

（15）好多鱼在湖里游来游去啊 ia！

（16）真好玩儿啊 ra！

（17）天上的白云飘啊 ua 飘。

（18）快点开门啊 na。

（19）做完作业，一定要仔细检查啊 ia！

（20）这个小孩能背好多诗啊 ra！

第三章

赣方言区学习普通话词汇的重难点

语言是一种听觉符号，所以方言在语音方面与普通话的差异是人们最容易捕捉到的，普通话的初学者也总是把主要精力放在方言语音的辨正上，这自无可厚非。不过，如果忽视词汇和语法方面的差异，口语表达中出现方言词汇或方言句法格式，即使普通话语音再标准，也会让听话人觉得费解，影响交际的顺利进行。

本章主要从词形、词义和造词理据等方面分析赣方言与普通话词汇的同与异，以帮助学习者提高认识，掌握规律。

一、赣方言与普通话词汇的主要差异

赣方言词汇与普通话相比较，主要差异有以下几种情况：第一，形式看似完全不同，词义实际完全一致，即同义异形。第二，相同的形式，概念的内涵和外延却有差异，实为同形异义。第三，形式不同，词义也有一定的差异，即异形异义。此外，与普通话相比，赣方言中还保留了相当多的古语词；另有一批极具方言特色的词语，或表现在造词理据上，或表现在构词方式上。

（一）同义异形

相同的事物或现象，赣方言和普通话却用不同的形式来表示，如"太阳"这一事物，赣方言各地往往称之为"日头"，形式上完全不同于普通话。赣方言中这类与普通话义同而形不同的词语数量相当庞大，从学习普通话的角度来看，这就需要学习者下死功夫牢记，否则就容易在用普通话表达时出现方言词汇。

同义异形具体表现为音节数量不同、构词语素相异（包括词根相异、词缀有别）等。

1. 词语构成的音节数量不同

（1）赣方言中有一部分单音词，与之相应的普通话是复音词（一字线左边为赣方言，右边是对应的普通话，下同）。

涎（南昌）—口水　郎（南昌）—女婿　节（南昌）—端午节

（2）有些词在赣方言中是复音词，但在普通话中却是单音词。

脚鱼（南昌）—鳖　脑壳（宜春）—头

（3）有些词在普通话中是双音词，但在赣方言中却是三音节、四音节或更多音节的词。

打摆子（南昌）—疟疾　　　　叔伯母（宜春）—妯娌

鸭崽子（南昌）—小鸭　　　　蚀面子（南昌）—丢脸

嚯牙颖（南昌）—闲聊　　　　断夜边子（南昌）—傍晚

飞檐老鼠（宜春）—蝙蝠　　　你许多人（抚州）—你们

2. 构词语素不同

构词语素包括词根和词缀语素，赣方言中很多词在构词时选取的词根或词缀语素与普通话不同。

（1）构词词根语素完全不同

头绳—毛线	晓得—知道	日上—白天
告化—乞丐	土狗—蝼蛄	月半—元宵
川芎—芹菜	堂前—客厅	博士—木匠
郎—女婿	闭痧—中暑	诔记—遗忘
日头—太阳	屋场—村庄	当昼—中午

（2）构词词根语素部分不同

月光—月亮	春上—春天	鼻公—鼻子
新妇—媳妇	衫袖—袖子	番薯—红薯
面盆—脸盆	满后年—大后年	豆结子—豆角
耳子—木耳	牛牯—公牛	翼膀—翅膀
洋火—火柴	锁匙—钥匙	滚水—热水
话事—说话	今朝—今天	膝头骨—膝盖

（3）语素相同，但顺序不同

欢喜—喜欢	闹热—热闹	单被—被单
小胆—胆小	米碎—碎米	人客—客人
天晴—晴天	天老爷—老天爷	

（二）同形异义

有的词在赣方言和普通话中都有，但意义却不完全相同。比如"碗"在普通话中主要是指吃饭的碗，赣方言中还兼指喝茶的茶杯，这是同一个词在赣方言中的词义范围大于普通话的例子；还有的词在普通话中的词义范围要大些，比如"面"，普通话中凡粮食磨成的粉都叫"面"，赣方言中专指面条；还有其他一些情况。上面所谈及的这些现象都应该引起学习者的注意，要能够正确辨别这些词语普方词义的异同，把握它们之间的语义对应关系，从而准确地运用普通话传递自己的交际信息。

1.方言词义范围大于普通话

丑——普通话中主要形容人的容貌，赣方言中却还能形容脾气，指人脾气不好时说"脾气丑"。

碗——普通话中主要指吃饭的碗，赣方言中还兼指茶杯。

茶——普通话中主要指用茶叶泡成的饮料，赣方言中所有喝的开水都能称为"茶"。

跌——普通话中"跌"主要有以下几个义项：①摔倒；②（物体）落下：跌水；③物价下降：跌价。赣方言中除了上述意义外，还有④遗失：跌了钱；⑤家道衰微：跌苦；⑥丢丑：跌面子。

外甥——普通话中主要指姐妹的儿子，赣方言中还兼指女儿的儿子。

辣——普通话中有三个义项："像姜、蒜、辣椒等的味道""辣味刺激（口、鼻或眼）""狠毒"，赣方言中还可形容人很能干、有本事。

格子——普通话中指隔成的方形空栏或框子，而南昌话中窗户也用"格子"表述。

2.方言词义范围小于普通话

饭——赣方言中只指干饭，普通话中"饭"可指各种主食。

面——赣方言中专指面条，普通话中凡粮食磨成的粉都叫"面"。

拐子——赣方言中专指腿脚瘸的人，普通话中还可指拐骗人口或财物的人。

3.方言词义与普通话同中有异

姑娘——普通话中主要有两个义项："未婚的女子"和"女儿"。

赣方言宜春话中"姑娘"有三个义项，分别是"女儿""姑母""妓女"，而"未婚的女子"则用"后生女仂"指称。

老子——普通话有两个义项："父亲"和"骄傲的人自称"。宜春话除了引称父亲外，还用于老年男子的引称；南昌话"公家老子"用于引称夫之父；余干话则用来引称丈夫，"老子哥哥"是指丈夫。

4. 方言语义与普通话语义完全不同

赣方言中有相当一部分词与普通话同形，但语义却完全不同，方言区人们在学习普通话时需注意分辨。这类词为数不少，有些还是常用词语，如果混淆则可能造成表义不清或导致听话人理解有误，举例如下：

月光——普通话指月亮的光线，赣方言中大部分地区用来指称月亮。

头绳——普通话指用棉、毛、塑料等制成的细绳子，主要用来扎发髻或辫子；赣方言中主要指毛线，"头绳衣"意思是毛线衣。

房——普通话中"房"指整个房子，赣方言中"房"只指房间。

屋——普通话中"屋"指房子里的房间；赣方言中"屋"指整个房子，所以建房称为"建屋"或"做屋"。

阴风——普通话中"阴风"指寒风或从阴暗处进来的风，南昌话中则专指门缝或窗户缝隙中吹来的风。

客气——普通话中指对人谦让、有礼貌；南昌话中则用来形容人长得漂亮，如"这个女崽子蛮客气"，意思是"这个女孩子长得很漂亮"。

精神——作为形容词，普通话中指活跃、有生气；而景德镇、都昌等地常用来形容人聪明、机灵，如"这个后生蛮精神"，意思是"这个年轻小伙子挺聪明机灵的"。

　　川芎——普通话中是一种药名，产于四川及云南等地；在抚州、余干等地"川芎"指芹菜。

　　清汤——普通话中指没有菜的汤，赣方言中用来指称馄饨这种小吃。

　　石匠——普通话中指石工；抚州话中"石匠"指泥水工，"打石师傅"才是石工。

　　留过夜——普通话中的语义是留下住一晚上；而在赣方言部分地区（修水、武宁）"过夜"是指吃晚饭，所以"留过夜"是指留吃晚饭。

　　起火、着火——普通话中的语义是失火，抚州、景德镇等地却是表示生气、恼火之义。

5. 普通话通常用一个词来表达，赣方言却要根据具体情况用多个词表达

　　例如"买米""买油""买布""买肉""买豆腐""买药"在普通话中都用"买"。但在赣方言中却要依购买对象的不同而使用不同的动词，如说"挑米""舀油""扯剪布""斫肉""捡或端、称豆腐""点或捡药"。

6. 词形与普通话完全一致，但搭配对象的范围比普通话广

　　如"打"可以有如下搭配对象："打瓜结瓜""打山歌唱山歌""打谎说谎""打溜拐开小差""打出肉来衣不遮体""打毛线织毛衣""打席子织草席""打石脚奠基""打脚球踢足球""打××声讲××方言"。

（三）异形异义

　　"异形异义"是指方言与普通话用不同形式的词指称同一事物或动作行为，而且其语义内涵也有一定差异。例如：

　　灶下：鄱阳话中"灶下"的意思是厨房，但除了指厨房这一处所

外，"灶下"还可以表示方位。

花边：黎川话中"花边"有两个义项，分别是铜钱和衣服上的花边。

细：赣方言中称东西小为"细"，如"细碗""细雨""细手节_{小拇}指"；除了形容东西小外，还可用来形容人的年龄小，如"他比我细两岁"，"细叔"即小叔叔，"细崽、细女"指与年龄大的孩子相比较而言的年龄小一些的儿子、女儿。

（四）方言中保留了不少古语词

在赣方言词汇系统中，保留了不少古语词，这些词历史悠久，古文献资料中可见其用例，普通话中却已难觅其迹。举例如下：

伶俐：《辞源》中释义有三：①聪明，机灵；②干脆，利落；③元曲中称妇人勾搭男人为不伶俐勾当，犹言不干不净。《现代汉语词典》释义"聪明，灵活"。可见，在现代汉语普通话中"伶俐"主要是第一种语义，而赣方言中南昌、抚州、鄱阳等地"伶俐"的常用义是义项三。

面：《礼记·内则》有云："女子出门，必拥蔽其面。""面"，"脸"也。赣方言保留了"面"指"脸"的古义。

晏：《论语·子路》："冉子退朝。子曰：'何晏也？'""晏"，"晚"也。抚州话"来晏了"意思是"来晚了"。

行："走"之义。抚州话中"我先行"意为"我先走"。《论语·述而》："三人行，必有我师焉。"

手巾：赣方言中用来指擦手揩脸用的毛巾。此用法可见于《太平御览》卷七一六引《汉名臣奏》："王莽斥出王闳，太后怜之，闳伏泣失声，太后亲自以手巾拭闳泣。"

壮：肥胖之义。赣方言中说人或其他动物胖都用"壮"来表述。此用法可见于扬雄《方言》卷一："秦晋之间凡人之大谓之奘，或谓之壮。"

文身：《礼记·王制》："东方曰夷，被发文身，有不火食者矣。"可见，"文身"在先秦时代是吴越一带的风俗，如今，风俗虽早已消逝，但这个词却保留于方言词汇中。

不少的古语词在普通话口语中已经没有生命力，被其他词替代。比如形容人肥胖时，普通话一般用"胖"而不能用"壮"，学习者如果缺乏这一意识，就容易导致语义表达不清晰等后果。

（五）方言中有众多禁忌言语

人们从礼教、道德、吉凶、功利、荣辱等诸方面出发，对一些传统的或区域性的、或邪秽不洁的、或危险可怕的事物在言语上有意避讳，以免触犯、亵渎，于是形成了许多的言语禁忌。

1.凶祸词语禁忌

各地都忌言"死"，老人死了说"老了、过了、归仙了"，小孩死了说"丢了、走了"。

各地都忌言"药"，开药方说"开单子"，买药说"捡茶、点茶"，吃药说"吃茶"。

一些地方忌言"芹菜"，因为这些地方方言中"芹"与"穷"谐音，所以要说"富菜"。

南昌话把"韭菜"说成"快菜"，因为"韭""久"同音，所以要说"快菜"。

多数地方忌言"猪舌头"，因为"舌"与"蚀"音近，因而要说"招财、猪赚"。

黎川话忌言"帽子"，因为"帽"与"无"音近，所以称之为"有子"。

2. 行业集团禁忌

江西有很多山，在一些山区从事林业砍伐行业的往往忌言"光""武""得""死""伤"等不吉利的字眼，有一整套的避讳语。如"天光_{天亮}"称"天白"、"蛇"称"豆角"、"水"称"长流子"等。

船家通常忌言"饭"，因为"饭""翻"音近，"吃饭"说"吃熟米"，"饭汤"说"饮汤"，"饭勺"说"盛勺"等。

可见，禁忌语不论从产生土壤还是从使用环境看，都与江西这个地方、与使用者的社会背景有关，是典型的地域和社会方言结合的产物。这些语汇的使用往往具有很强的范围性，学习者要注意转换，有些内容在普通话口语中甚至没有相对应的词，那么可以选择普通话中内容相当的短语或者组织相应的句子来表达。

（六）方言中的特殊称谓方式

赣方言中，对职业人的称呼往往有一套特别的构词方式——"行为动作＋对象＋个"，如"杀猪个"意思是"屠夫"，其中"个"相当于普通话中的"的"，整个结构相当于普通话中的"的"字结构。例如：

开车个_{司机}	作田个_{农民}	做生意个_{商人}
卖东西个_{售货员}	卖药个_{药商}	卖票个_{售票员}
算命个_{算命先生}	当官个_{官员}	当兵个_{军人}
演戏个_{演员}	教学个_{老师}	剃头个_{理发师}
炒菜个_{厨师}	跳舞个_{舞者}	唱歌个_{歌手}
做贼个_{小偷}	打流个_{二流子}	要饭个_{乞丐}
打铁个_{铁匠}	做泥水个_{泥水匠}	整表个_{修表师傅}
弹棉花个_{棉花匠}	做手艺个_{工匠}	打箍个_{给木桶做铁箍的人}
看风水个_{风水先生}		

普通话也有这类构词方式，但相比较而言，其能产性不如赣方言高。而且，用这类词称呼从事某种职业的人，绝对不是尊称，所以它们一般不能用于面称，否则就显得很不礼貌。这也是普通话学习者在表达中要特别注意的一点。

江西省内赣方言区的社会是由以家族为基础的自然村组成的。家庭内部的血缘关系、村与村之间以及族之间也往往由于婚姻关系而相互交织，形成了一个由血缘和地缘关系编织成的庞大的人际关系网络。这应该是形成闻名遐迩的"江西老表"的基础。"老表"本是赣方言中对母系一辈的兄弟姐妹的儿女的称谓，但方言区社会内部有很强的认同感和凝聚力，所以江西人见人称"老表"会自然生出亲切之感。

（七）方言词造词理据的特殊性

扁豆角，赣方言区各地方言表述方式都很形象，如抚州南城话叫"眉毛豆"；樟树、新干等地称之为"羊眼"；宜春叫"娥眉豆"。

通过词语可以看到很多的地方风俗，比如"坐月子"各地说法有很大差异，都昌话很有特色，称之为"蓄皇帝"，可见当地人极其重视生孩子；宜春话称"坐月"，产妇在满月之前一般不能出房门，月子内产妇房间为"忌间"，丈夫不能入内。

赣方言区的普通话学习者要注意普通话与赣方言之间的对比关系，以寻求练习的规律。

二、普方词汇对照

本节用作对照的词语共 510 条，以普通话词语设立条目。为了使表义更明确，部分词条采用释义说明，以小号字作注释或举例，例如

"父亲_{面称}"。

本节记录方言词条，所记汉字大多使用本字，部分使用同音字或近音字，同音字用"="标示，如"寨=雨"（"淋雨"条宜春话）。一个词语条目在方言中有多种说法的，同时收录，以斜线隔开，如"雺/罩子"（"雾"条抚州话）。如尚未考察出本字，也无合适的同音字可用，则以直接标音方式记录，如"□〔hou²⁴〕丝"（"蜘蛛"条鄱阳话）。

以下是本节所收词条索引（510 条词语共分 24 类）。

1. 天文

太阳、月亮、星星、云、刮风、闪电、雷、天虹、日食、月食、冰雹、雾、霜、露、下雨、淋雨

2. 地理

江、溪、湖、池塘、洪水、地震

3. 方位

上面、下面、前面、后面、里面、外面、里_{抽屉~}、上_{桌子~}、底下、附近

4. 时令、时间

去年、今年、明年、夏天、冬天、白天、晚上、早晨、上午、中午、下午、傍晚、前天、昨天、今天、明天、后天、大后天、从前、现在、后来、每天、整天、整夜、热天、冷天、除夕、过年、清明、端午节、七月半、中秋节、历书、阴历、阳历

5. 房舍

房子_{整座的}、屋子_{房子里分隔而成的房间}、正屋、偏屋、厨房、灶、锅、厕所、窗户、门槛、台阶、垃圾

6. 器具用品

枕头、被子、棉絮、床单、席子、蚊帐、蜡烛、手电筒、火柴、肥皂、自行车、轮胎、毛巾、梳子、剪刀、扫帚、汤匙、筷子、桌子、抽屉、小凳子、脸盆、锯子、锄头

7. 动物

公猪、母猪、小猪、阉了的猪、养猪、公牛、母牛、阉了的牛、放牛、公狗、母狗、叫_{狗~}、公鸡、母鸡、小鸡、阉了的鸡、叫_{公鸡打鸣儿}、孵_{~小鸡}、公鸭、母鸭、小鸭、青蛙、蚯蚓、蜘蛛、蟑螂、蜻蜓、蝉、蝙蝠、麻雀、老鹰、鸟、翅膀、窝_{鸟~}、壁虎、蚊子、苍蝇、跳蚤、老虎、尾巴

8. 植物

玉米、扁豆角、豆角、豆子、蚕豆、马铃薯、红薯、花生、茄子、南瓜、丝瓜、芹菜、空心菜、苋菜、芥菜、辣椒、西红柿、萝卜、胡萝卜、橘子、柚子、板栗、刺、木耳、香菇^①、甘蔗、芝麻

9. 称谓

男人、女人、老人家_{敬称}、老人家_{非敬称，引称男性}、老人家_{非敬称，引称女性}、婴儿、男孩、女孩、男青年、大姑娘、邻居、客人、农民、商人、

---

① 木耳、香菇都属于菌类，因条目较少，故不单列一类，收在植物类中。

泥水匠、木匠、裁缝、医生、私塾先生、傻瓜、瞎子、聋子、哑巴、驼子、瘸子、近视眼

10. 亲属

祖父_{面称}、祖母_{面称}、外祖父、外祖母、父亲_{面称}、父亲_{引称}、母亲_{面称}、母亲_{引称}、岳父_{引称}、岳母_{引称}、夫之父_{引称}、夫之母_{引称}、伯父、伯母、叔父、叔母、姑母_{比父亲年长}、姑母_{比父亲年幼}、姑父、姨妈_{比母亲年长}、姨妈_{比母亲年幼}、姨父、舅舅、舅母、哥哥_{引称}、姐姐_{引称}、弟弟_{引称}、妹妹_{引称}、嫂子、弟媳妇、大伯子、小叔子、表兄弟、妯娌、连襟、儿子、女儿、女婿_{引称}、孙子、重孙子、侄子、外甥、外孙

11. 身体

身子、赤着下身、头、头发、头发旋、额头、眼睛、眼珠、眉毛、耳朵、鼻子、鼻涕、嘴巴、嘴唇、牙床、口水、舌头、牙齿、下巴、脖子、喉咙、肩膀、胳膊、胳膊肘、手指头、指甲、乳房、肚子、肚脐、肛门、脚_{称整个下肢}、膝盖、脚后跟

12. 疾病、医疗

痱子、中暑、疟疾、发烧、咳嗽、拉肚子、肺病、看病、针灸、打针、打吊针、吃药、汤药

13. 衣服穿戴

衣服、穿～衣服、脱～衣服、毛线、棉袄、上衣、袖子、短内裤、裤腿、鞋子、袜子、手套、手帕、尿片、口袋

14. 饮食

吃早饭、吃午饭、吃晚饭、喝开水、喝酒、抽烟、面粉、稀饭、米汤、包子、饺子、馄饨、豆腐脑、松花蛋、香油、酱油、盐、醋、瘦肉、米酒、白酒、开水

15. 日常生活

烤火、理发、洗澡、遗尿、睡觉、做梦、赶集、买肉、买布、做饭、倒酒

16. 红白大事

媒人、相亲、订婚、新郎、新娘、怀孕、孕妇、生孩子、流产、坐月子、吃奶、断奶、去世、埋葬、坟墓、上坟

17. 交际

开张、合伙、讲客气、丢脸、说话、闲聊、聊天、吵架、打架、撒谎、接吻、挨打、挨骂、运气好、运气不好

18. 文体活动

学校、上学、放学、考试、铅笔、钢笔、圆珠笔、毛笔、捉迷藏、跳绳、舞狮、唱歌、演戏、划拳、下棋、猜谜语、变魔术、讲故事

19. 动作

看、听、闻、点头、惦念、忘记、知道、生气、担忧、害怕、认识、搂抱、喜欢、丢失、寻找、走、跑、站、蹲、跳、摔_{他~了一跤}、藏、拧_{~螺丝}、挑_{~水}、搔_{~痒}、有_{~钱}、没有_{~钱}、是、不是

20. 代词

我、你、他、我们、你们、他们、自己、大家、这里、那里、这个、那个、这些、那些、这样、那样、谁、什么、哪里、怎样

21. 形容词

肥胖、聪明、愚蠢、大方、小气、厉害、能干、诚实、心眼不好、奸诈、不驯服、热闹拥挤、平整、干净、肮脏、爽快、漂亮、丑、舒服、暖和、长、短、大~碗、小~碗、宽、窄、高用于人、矮个子、低飞得~、歪、咸、淡、稠稀饭~、稀稀饭~、稀树种得~、黑、亮、暗、快跑得~、晚来~了、□甜很甜、□酸很酸、□香很香、□臭很臭、□咸很咸、□淡很淡、□乌很黑、□圆很圆、□轻很轻、□木很笨、□湿很湿、□干很干、□瘦很瘦①

22. 副词

刚、常常、很~大、最~大、特意、都/全、一共~多少人

23. 数量词

个一~人、只一~鸡、只一~狗、头一~猪、头一~牛、条一~鱼、张一~桌子、双一~鞋、块一~肥皂、辆一~车、座一~房子、座一~桥、条一~河、棵一~树、顿一~饭、一会儿

24. 避讳语和吉祥语

杀猪避讳语、猪耳朵吉祥语、猪舌头吉祥语、猪骨头吉祥语

---

①"很瘦"等13个词是方言中相当于普通话"鲜红"类的特殊的偏正式形容词，因修饰性成分各异且多有音无字，故用"□"代表。其构词特点在下一章"特殊形容词结构"部分将详细介绍。

	001 太阳	002 月亮	003 星星	004 云	005 刮风
南昌	日头	月光	星星	星星	起风
宜春	日头	月宵	星星	星星	刮风
吉安	日头	月光	星星	云	起风
抚州	热头	月光	星星	云	起风
鄱阳	日头	月光	星星	云	起风

	006 闪电	007 雷	008 天虹	009 日食	010 月食
南昌	霍闪	雷公	虹	日食	月食
宜春	掠雷火	雷公	懒龙	天狗喫日	天狗喫月宵
吉安	霍闪哩	雷公	虹	天狗喫日	天狗喫月
抚州	霍闪	雷	虹	天狗喫日头	天狗喫月
鄱阳	霍闪	雷	彩虹	日食	月食

	011 冰雹	012 雾	013 霜	014 露	015 下雨
南昌	雹子	雾	霜	露水	落雨
宜春	冰雹	雺	霜	露水	落雨
吉安	雹子	雺	霜	露水	落雨
抚州	雹子	雺 / 罩子	霜	露	落雨
鄱阳	雹子	雺	霜	露水	落雨

	016 淋雨	017 江	018 溪	019 湖	020 池塘
南昌	涿雨	港	溪	湖	塘
宜春	寨=雨	江	溪崽	湖	塘
吉安	淋雨	港	溪	湖	塘
抚州	淋雨 / 泥雨	江	港	湖	鱼塘
鄱阳	涿雨	江	小溪	湖	水塘

	021 洪水	022 地震	023 上面	024 下面	025 前面
南昌	大水	地震	上头	下头	前头
宜春	大水	地震	脑上	下迪゠	面前
吉安	大水	地震	上头	下头	前头
抚州	大水	龙翻身	上头	下头	前头
鄱阳	洪水	地震	上头	下头	前头

	026 后面	027 里面	028 外面	029 里抽屉~	030 上桌子~
南昌	后头	里头	外头	里	上
宜春	背路/后背	壁里	外迪゠	里	上
吉安	后头	里头	外头	里	上
抚州	后背	里头	外头	里	上
鄱阳	后头	里头	外头	里	面上

	031 底下	032 附近	033 去年	034 今年	035 明年
南昌	底家	团近	旧年	今年	明年
宜春	屎下仂	团近	旧年	今年	明年
吉安	底下	侧边边	旧年	今年	明年
抚州	屎下	近边	旧年	今年	明年
鄱阳	屎下	附近	旧年	今年	明年

	036 夏天	037 冬天	038 白天	039 晚上	040 早晨
南昌	热天	冷天	日上	夜晚	清早
宜春	夏天	冬下仂	日仂	夜仂	早晨
吉安	夏天	冷天	日上	夜仂	清早
抚州	热天	冬下	日上	夜间	早间
鄱阳	热时间	冷时间	日仂	夜晚	清早

	041 上午	042 中午	043 下午	044 傍晚	045 前天
南昌	上昼	当昼	下昼	断夜边子	前日
宜春	上昼	日中	下昼	挨夜仔	前日
吉安	上半日	中时	下午	断暗间仂	前日
抚州	上昼	当昼	下昼	来夜时分	前日
鄱阳	上昼	昼时	下昼	夜边	前日

	046 昨天	047 今天	048 明天	049 后天	050 大后天
南昌	昨日	今日	明日	后日	大后日
宜春	昨日	今□〔ŋa⁴〕	明日	后日	大后日
吉安	昨日	今日	明日	后日	大后日
抚州	昨日	今朝	明朝	后日	万后日
鄱阳	昨日	今朝	明朝	后朝	晏后朝

	051 从前	052 现在	053 后来	054 每天	055 整天
南昌	早先子	而今	落后	日日	一日到夜
宜春	早先	如今	后背	每日	一日到夜
吉安	先间仂	而今	后来	每日	整日
抚州	早先	该眼今	行后	日日	文日
鄱阳	原来	箇会	后来	每一日	一日

	056 整夜	057 热天	058 冷天	059 除夕	060 过年
南昌	一夜到天光	热天	冷天	三十夜里	过年
宜春	一夜	热天	冷天	公婆夜	过年
吉安	整夜	热天	冷天	三十晚	过年
抚州	文夜	热天	冷天	三十夜间	过年
鄱阳	一夜	热天	冷天	三十夜晚	过年

	061 清明	062 端午节	063 七月半	064 中秋节	065 历书
南昌	清明	节	鬼节	中秋	通书
宜春	清明	端元节	鬼节	中秋	通书
吉安	清明	粽仂节	鬼节	中秋	皇历
抚州	清明节	端节/午节	七月半	中秋节	通书
鄱阳	清明	端午	七月半	中秋	日历

	066 阴历	067 阳历	068 房子 整座的	069 屋子 房子里分隔而成的房间	070 正屋
南昌	阴历	阳历	屋	房间	堂屋
宜春	阴历	阳历	屋	房间	厅
吉安	阴历	阳历	屋	房间	厅堂
抚州	农历	阳历	屋	房间	堂前
鄱阳	阴历	阳历	屋子	房间	厅下

	071 偏屋	072 厨房	073 灶	074 锅	075 厕所
南昌	厦屋	灶法	灶	锅	茅厕
宜春	披厦	灶前	灶	锅	东司
吉安	厦仂	灶屋仂	灶	锅	茅坑
抚州	披厦	厨下	灶	锅	东司
鄱阳	偏房	灶下	灶	锅	茅司

	076 窗户	077 门槛	078 台阶	079 垃圾	080 枕头
南昌	格子	门槛	楼梯步子	罾屑	枕头
宜春	床子	地枋	台阶	屑仂	枕头
吉安	窗子	门槛	台阶	屑仂	枕头
抚州	窗子	门槛	堑间	屑子	枕头
鄱阳	床子	门槛	坡□[$ŋan^{35}$]子	屑屑子	枕头

	081 被子	082 棉絮	083 床单	084 席子	085 蚊帐
南昌	被火	棉絮	床单	席子	蚊帐
宜春	被火	棉絮	床单	席仂	蚊帐
吉安	被火	棉絮	床单	席仂	蚊帐
抚州	被窝	棉絮	窝单	席子	帐子
鄱阳	被服	棉花絮	被服单	竹席	帐子

	086 蜡烛	087 手电筒	088 火柴	089 肥皂	090 自行车
南昌	蜡烛	手电筒	洋火	肥皂	脚踏车
宜春	蜡烛	电筒	洋火	洋碱	线车
吉安	蜡烛	手电	洋火	洋碱	线车仂
抚州	蜡烛	手电	洋火	洋碱	钢丝车
鄱阳	蜡烛	手电筒	洋火	肥皂	脚踏车

	091 轮胎	092 毛巾	093 梳子	094 剪刀	095 扫帚
南昌	砣	手巾	梳子	剪刀	笤帚
宜春	胎	手巾	脑梳	剪刀	扫把
吉安	轮子	手巾	梳子	剪刀	扫把
抚州	车轱辘	手巾	梳子	剪子	槎帚
鄱阳	轮胎	手巾	梳头	剪子	笤帚

	096 汤匙	097 筷子	098 桌子	099 抽屉	100 小凳子
南昌	瓢羹	筷子	桌子	抽箱	杌子
宜春	调羹	筷子	桌子	抽屉	杌子凳
吉安	调羹	筷子	桌仂	抽箱	凳仂
抚州	调羹/茶匙	筷子	桌子	抽斗	□[mut⁵]子
鄱阳	瓢羹	筷子	桌子	抽屉	凳子

	101 脸盆	102 锯子	103 锄头	104 公猪	105 母猪
南昌	面盆	锯子	锄头	猪牯	猪婆
宜春	面盆	锯	锄头	猪牯仂	猪婆
吉安	面盆	锯仂	镢头	猪公	猪娘
抚州	面盆	锯	镢头	猪牯	猪嬷
鄱阳	面盆	锯	锄头	猪公	猪娘

	106 小猪	107 阉了的猪	108 养猪	109 公牛	110 母牛
南昌	猪崽子	肉猪	供猪	牛牯	牛婆
宜春	细猪仔	肉猪	畜猪	牛牯	牛婆
吉安	猪崽仂	镢猪	供猪	牛牯	牛婆
抚州	猪崽	肉猪 / 菜猪	饲猪	牛牯	牛嬷
鄱阳	猪崽子	犍猪	看猪	犍牛	草咯牛

	111 阉了的牛	112 放牛	113 公狗	114 母狗	115 叫狗~
南昌	阉牢牯	睺牛	狗公	狗婆	叫
宜春	牛牯	睺牛	狗牯	狗婆	叫
吉安	牛牯	睺牛	公狗	狗婆	叫
抚州	镢牛	睺牛	狗牯	狗嬷	□ [kʰau²⁴]
鄱阳	犍牛	放牛	犍狗	母狗	叫

	116 公鸡	117 母鸡	118 小鸡	119 阉了的鸡	120 叫 公鸡打鸣儿
南昌	炀鸡	鸡婆子	鸡崽子	骟鸡	叫
宜春	雄鸡 / 打鸡	鸡婆	细鸡仔	骟鸡	叫
吉安	炀鸡	鸡婆	鸡崽仂	骟鸡	叫
抚州	嚎鸡公	鸡嬷	鸡崽子	骟鸡公	打鸣
鄱阳	鸡公	母鸡	细细鸡	骟鸡公	叫

	121 孵~小鸡	122 公鸭	123 母鸭	124 小鸭	125 青蛙
南昌	菢	鸭公	鸭婆	鸭崽子	老鸹
宜春	菢	鸭公	鸭婆	细鸭婆	田鸡
吉安	菢	鸭公	鸭婆	鸭崽仂	老鸹 / 泥鸹
抚州	菢	鸭□［pi⁰］	鸭媖	鸭崽子	石础
鄱阳	孵	鸭公	母鸭子	细细鸭子	石鸡

	126 蚯蚓	127 蜘蛛	128 蟑螂	129 蜻蜓	130 蝉
南昌	寒蟥子	蟨蛛子	蚻拔子	丁丁	□［tɕie⁴⁴］闹子
宜春	弯宪	巴纱	蚻婆子	帮阶	□［tʂe³⁴］罗仂
吉安	曲宪仂	八脚	锯蚻	蜻蜻	蝉
抚州	河蚁	蚫□［saʔ²］	蚻	螟鸡	□［tɕia³²］油
鄱阳	寒蟥子	□［hou²⁴］丝	蚻□［mu⁴²］子	蜻蜓	知了子

	131 蝙蝠	132 麻雀	133 老鹰	134 鸟	135 翅膀
南昌	檐老鼠	奸雀子	磨鹰	雀子	叶膀
宜春	飞檐老鼠	麻雀鸟仂	鹰	鸟仂	叶膀
吉安	檐老鼠	奸鸟锶	崖婆	鸟仂	翼皮
抚州	叶老鼠	麻雀仂	老鹰	鸟崽	翼膀
鄱阳	檐老鼠	麻鸟子	老鹰	鸟	翼皮子

	136 窝鸟~	137 壁虎	138 蚊子	139 苍蝇	140 跳蚤
南昌	窠	壁蛇子	蚊子	苍蝇	蛇蚤
宜春	窠	壁虎	蚊虫	蝇子	狗蚤

	136 窝鸟~	137 壁虎	138 蚊子	139 苍蝇	140 跳蚤
吉安	窠	□ [pi²¹³] 虎	蚊仍	蝇□ [paŋ²¹]	狗蚤
抚州	巢	壁蛇子	蚊仍	苍蝇	跳蚤
鄱阳	窠	壁虎子	蚊虫	苍蝇	屹蚤

	141 老虎	142 尾巴	143 玉米	144 扁豆角	145 豆角
南昌	老虎	尾巴	玉米	扁豆	豆角子
宜春	老虎	尾巴	包粟	娥眉豆	豆角
吉安	老虎	尾巴	包黍	扁豆	豆其子
抚州	老虎	尾□ [ma³³]	包粟	洋易豆	豆角
鄱阳	老虎	尾吗ᵖ子	玉米	娥眉荚得	豆角

	146 豆子	147 蚕豆	148 马铃薯	149 红薯	150 花生
南昌	豆子	蚕豆	土豆	萝卜薯	花生
宜春	豆仍	蛮豆	马铃薯	番薯	花生
吉安	豆子	蚕豆	番薯	薯得	花生
抚州	豆子	蚕豆	马铃薯	薯	花生
鄱阳	豆子	蚕豆	马铃薯	山薯	花生

	151 茄子	152 南瓜	153 丝瓜	154 芹菜	155 空心菜
南昌	茄子	北瓜	丝瓜	袍菜 / 芹菜	蕹菜
宜春	茄仍	瓜仍	丝瓜	泡菜	蕹菜
吉安	茄仍	北瓜	丝瓜	芹菜	蕹菜
抚州	茄子	南瓜	纺线	川芎	蕹菜
鄱阳	落梭子	北瓜	鱼子	香芹	蕹菜

	156 苋菜	157 芥菜	158 辣椒	159 西红柿	160 萝卜
南昌	苋菜	芥菜	辣椒	番茄	萝卜
宜春	苋菜	大菀菜	辣椒	西红柿	萝卜
吉安	苋菜	芥菜	辣椒	西红柿	萝卜
抚州	苋菜	芥菜	辣子	番茄	萝卜
鄱阳	苋菜	芥菜	辣椒	西红柿	萝卜

	161 胡萝卜	162 橘子	163 柚子	164 板栗	165 刺
南昌	红萝卜	橘子	柚子	毛栗子	勞
宜春	红萝卜	柑子	橙子	大栗	勞
吉安	胡萝卜	橘仂	橙子	板栗	刺
抚州	红萝卜	柑子	柚子	毛栗	勞
鄱阳	红萝卜	橘子	柚子	大栗子	刺

	166 木耳	167 香菇	168 甘蔗	169 芝麻	170 男人
南昌	木耳	香菇	甘蔗	芝麻	男客伙哩
宜春	木耳	香菇	蔗梗	芝麻	男客人
吉安	木耳	香菇	蔗梗	芝麻	男客
抚州	木耳	香菇	蔗	芝麻	男子人
鄱阳	木耳	香菇	甘蔗	芝麻	男个

	171 女人	172 老人家 敬称	173 老人家 非敬称, 引称男性	174 老人家 非敬称, 引称女性	175 婴儿
南昌	女客伙哩	老人家	老头子	老太婆	毛伢仔
宜春	女客人	老人家	老子	婆子	毛伢仔
吉安	女客	老人家	老者仂	婆佬仂	毛伢仂
抚州	娘子人	老人家	老哈人	老妈子	毛毛崽
鄱阳	女个	老人家	老骨儿	老太婆	毛毛

	176 男孩	177 女孩	178 男青年	179 大姑娘	180 邻居
南昌	男崽子	女崽子	后生子	女崽子	邻舍
宜春	伢伲	女伲	后生伢伲	后生女伲	邻舍
吉安	伢崽伲	女崽伲	后生伲	闺女	邻舍
抚州	崽/伢崽	女/女伲	后生个	女伲	邻舍
鄱阳	鬼伲猴子	女子	后生	妹伲	邻舍

	181 客人	182 农民	183 商人	184 泥水匠	185 木匠
南昌	客	作田个	做生意个	泥工	博士
宜春	客	作田个	做生意个	泥工	博士
吉安	客	作田个	做生意个	泥工	木工
抚州	客	作田个	做生意个	石匠	博士
鄱阳	客人	农民老表	做生意个	石匠	木匠

	186 裁缝	187 医生	188 私塾先生	189 傻瓜	190 瞎子
南昌	裁缝	郎中	先生	蝉头	瞎子
宜春	做衣裳个	郎中	先先	魔气	瞎子
吉安	做衣裳个	医官	先生	蠢公	瞎子
抚州	裁缝	郎中	先先	□［ŋien^{24}］子	瞎子
鄱阳	裁缝	郎中	先生	木头	瞎子

	191 聋子	192 哑巴	193 驼子	194 瘸子	195 近视眼
南昌	聋子	哑巴	驼子	拐子	近视眼
宜春	聋子	哑巴	驼背	拐脚子	眯子眼
吉安	聋牯/聋婆	哑巴	驼背伲	拐子	眯子
抚州	聋子	哑子	驼背子	拐子	近视眼
鄱阳	聋子	哑巴子	驼子	拐子	近视眼

	196 祖父面称	197 祖母面称	198 外祖父	199 外祖母	200 父亲面称
南昌	公公	婆婆	阿公	阿婆	爹爹
宜春	公公	婆婆	阿公	阿婆	爷
吉安	爷爷	婆婆	外公	外婆	爸爸
抚州	公公	婆婆	阿公	阿婆	爷爷
鄱阳	爹爹	婆婆	外公	外婆	爹爹

	201 父亲引称	202 母亲面称	203 母亲引称	204 岳父引称	205 岳母引称
南昌	爷	姆妈	娘	丈人	丈母娘
宜春	爷老子	姆妈	娘老子	丈爷	丈娘
吉安	爷	姆妈	娘	丈人	丈母
抚州	爷	姆妈	娘	丈人公	丈人婆
鄱阳	我家爹爹	姆妈	娘	丈人老子	丈母娘

	206 夫之父引称	207 夫之母引称	208 伯父	209 伯母	210 叔父
南昌	公家老子	婆子	伯爷	大妈	叔
宜春	家官	家婆	伯伯	姆姆	叔叔
吉安	公公	婆婆	伯伯	大姐	叔叔
抚州	前头人	家妈子	伯伯	姐姐	霞叔
鄱阳	家官	家婆	大伯	依儿	爷爷

	211 叔母	212 姑母比父亲年长	213 姑母比父亲年幼	214 姑父	215 姨妈比母亲年长
南昌	婶子	姑姑	姑姑	姑爷	驮姨
宜春	婶婶	姑娘	姑娘	姑爷	大娘
吉安	蒙蒙	姑姑	姑姑	姑公	大姨
抚州	婶仂	姑娘	姑娘	姑爷/大爷	姨姐
鄱阳	娘儿	姑姑	姑姑	姑爹	娘儿

	216 姨妈 比母亲年幼	217 姨父	218 舅舅	219 舅母	220 哥哥引称
南昌	姨娘	姨爹	母舅	舅母	兄
宜春	姨娘	姨爷	舅爷	舅娘	哥老子
吉安	姨娘	姨公	舅公	舅母	哥哥
抚州	细姨姐	姨爷	母舅	霞妗	兄
鄱阳	姨得	姨爹	母得	舅母	哥哥

	221 姐姐引称	222 弟弟引称	223 妹妹引称	224 嫂子	225 弟媳妇
南昌	姐姐	老弟	妹子	嫂子	弟媳妇
宜春	姐仔	老弟	妹仔	嫂子	弟新妇
吉安	姐姐	弟郎	妹子	嫂子	弟媳
抚州	霞姐	弟崽	妹崽	嫂嫂	弟新妇
鄱阳	姐姐	老弟	妹妹	嫂嫂	弟新妇子

	226 大伯子	227 小叔子	228 表兄弟	229 妯娌	230 连襟
南昌	霞伯	霞叔	老表	姆婶	连襟
宜春	伯仔	叔仔	老表	叔伯母	连襟
吉安	我屋里个大伯	我屋里个小叔	老表	两家妹	连襟
抚州	霞伯	霞叔	表兄弟	叔娣	老姨
鄱阳	渠哥哥	叔子	老表	姑嫂	姨夫两个

	231 儿子	232 女儿	233 女婿引称	234 孙子	235 重孙子
南昌	崽	女	郎	孙子	重孙子
宜春	崽	女	姑丈	孙子	曾孙仔
吉安	崽	女	姑丈	孙子	曾孙
抚州	崽	伇	姑爷/郎	孙	重孙
鄱阳	崽	女	女婿	孙子	重孙子

	236 侄子	237 外甥	238 外孙	239 身子	240 赤着下身
南昌	侄子	外甥	外甥	文身	打臊胯仂
宜春	侄子	外甥	外甥	文身	打统胯
吉安	侄子	外甥	外甥	身子	打隆咚
抚州	侄子	外甥	外甥	文身	打冷胯
鄱阳	侄郎	外甥子	外孙子	身子	打露卵

	241 头	242 头发	243 头发旋	244 额头	245 眼睛
南昌	头	头发	旋	额	眼睛
宜春	脑壳	头发	旋	额	眼珠
吉安	脑壳	头发	圈	额头	眼睛
抚州	脑	头发	旋	额	眼睛
鄱阳	头	头发	旋	额	眼珠

	246 眼珠	247 眉毛	248 耳朵	249 鼻子	250 鼻涕
南昌	眼珠子	眉毛	耳朵	鼻公	鼻涕泡
宜春	眼珠子	眉毛	耳朵	鼻子	鼻涕水
吉安	眼珠子	眉毛	耳朵	鼻子	鼻泥
抚州	眼珠子	眉毛	耳□［tau^{33}］	鼻孔	鼻□［$ȵin^{33}$］水
鄱阳	眼珠子	眉毛	耳朵	鼻子	鼻涕

	251 嘴巴	252 嘴唇	253 牙床	254 口水	255 舌头
南昌	嘴巴	嘴唇	牙疆	涎	舌头
宜春	嘴巴	嘴巴	牙交 / 牙疆	口涎水	舌头
吉安	嘴巴	嘴唇	牙疆	口水	舌头
抚州	嘴	嘴弦	牙額	口水	舌头
鄱阳	嘴巴	嘴唇	牙齿肉	口瀺	舌头

	256 牙齿	257 下巴	258 脖子	259 喉咙	260 肩膀
南昌	牙齿	下巴	颈	喉咙管	肩膀
宜春	牙齿	下巴	扁颈	喉咙管子	肩膀
吉安	牙齿	下巴	颈脖子	喉咙管	肩膀
抚州	牙齿	下巴	颈	喉咙管	肩
鄱阳	牙齿	下巴	颈根	喉咙管	肩膀

	261 胳膊	262 胳膊肘	263 手指头	264 指甲	265 乳房
南昌	手	斗静	指□〔ma⁰〕头子	指甲子	奶
宜春	胳臂	斗静	指拇脑子	指爪	奶
吉安	手	斗静	手指头	指甲	奶
抚州	手膀	斗静公	指头	指爪	奶
鄱阳	手棍子	肘	手拇头子	手拇蓬子	奶

	266 肚子	267 肚脐	268 肛门	269 脚 称整个下肢	270 膝盖
南昌	肚子	肚脐眼	屁眼	脚	膝头盖
宜春	肚子	肚脐眼	屁股眼	脚	膝头牯仂
吉安	肚子	肚脐眼	屁股眼	脚	膝头牯仂
抚州	肚子	肚子眼	屁眼	脚	膝头骨
鄱阳	肚子	肚脐眼子	屁眼子	脚	磕膝脑子

	271 脚后跟	272 痱子	273 中暑	274 疟疾	275 发烧
南昌	脚脡	痱子	闭痧	打皮寒	发烧
宜春	脚脡	沙痱仂	发痧	打摆子	发烧
吉安	脚跟	沙痱	闭痧	打摆子	发烧
抚州	脚脡	痱子	闭痧	打皮寒	发烧
鄱阳	后脚跟	痱□〔tso⁴²〕子	闭	打摆子	发烧

	276 咳嗽	277 拉肚子	278 肺病	279 看病	280 针灸
南昌	咳	屙肚子	肺痨	看病	针灸
宜春	咳	泻肚	痨病	看病	针灸
吉安	咳	泻肚子	削骨痨	看医生	针灸
抚州	□ [kʰom⁴⁵]	泻肚	痨病	看病	针灸
鄱阳	咳嗽	泻肚子	痨病	看病	扎针

	281 打针	282 打吊针	283 吃药	284 汤药	285 衣服
南昌	打针	打点滴	吃药	中药	衣裳
宜春	打针	打吊瓶	吃药	中药	衣服
吉安	打针	打点滴	吃药	中药	衣裳
抚州	打针	吊盐水	吃药	中药	衣裳
鄱阳	打针	挂盐水	吃药	中药水	衣裳

	286 穿~衣服	287 脱~衣服	288 毛线	289 棉袄	290 上衣
南昌	穿	脱	头绳	袄子	褂子
宜春	穿	脱	毛绳仂	袄子	褂仂
吉安	穿	脱	毛线	布襴	褂仂
抚州	着	脱	头绳	棉绑身	褂子
鄱阳	穿	脱	头绳子	棉袄	褂子

	291 袖子	292 短内裤	293 裤腿	294 鞋子	295 袜子
南昌	衫袖	裤头子	裤脚	鞋子	袜子
宜春	衫袖筒仂	短裤仔	裤脚	鞋仂	袜仂
吉安	袖子	短裤	裤脚	鞋仂	袜仂
抚州	衫袖	水裤	裤脚	鞋子	水袜
鄱阳	衫袖	短裤子	裤脚	鞋子	袜子

	296 手套	297 手帕	298 尿片	299 口袋	300 吃早饭
南昌	手套子	手捏子	襟片	荷包	喫早饭
宜春	手套	手巾	裙仂	袋仂	喫早饭
吉安	手套子	手巾	襟仂	袋仂	喫早饭
抚州	手套	手捏子	屎襟	袋崽	喫早饭
鄱阳	手套子	手捏子	尿片	袋袋子	喫朝饭

	301 吃午饭	302 吃晚饭	303 喝开水	304 喝酒	305 抽烟
南昌	喫昼饭	喫夜饭	喫茶	喫酒	喫烟
宜春	喫昼饭	喫夜饭	喫茶	喫酒	喫烟
吉安	喫点心	喫晚饭	喫茶	喫酒	喫烟
抚州	喫昼饭	喫夜饭	喫水	喫酒	喫烟
鄱阳	喫昼饭	喫夜饭	喫开水	喫酒	喫烟

	306 面粉	307 稀饭	308 米汤	309 包子	310 饺子
南昌	灰面	粥	饮汤	包子	饺子
宜春	灰面	粥	米汤	包子	饺子
吉安	灰面	粥	饮汤	包子	饺子
抚州	灰面	粥	饮汤	包子	饺子
鄱阳	面粉	粥	饮汤	包子	饺子

	311 馄饨	312 豆腐脑	313 松花蛋	314 香油	315 酱油
南昌	清汤	豆腐	皮蛋	麻油	酱油
宜春	包面	豆腐脑	皮嘎嘎	麻油	酱油
吉安	清汤	豆腐脑	皮蛋	麻油	酱油
抚州	清汤	豆腐花	皮蛋	麻油	豆豉油
鄱阳	清汤	豆腐	皮蛋	小麻油	酱油

	316 盐	317 醋	318 瘦肉	319 米酒	320 白酒
南昌	盐	醋	腈肉	水酒	烧酒
宜春	盐	醋	腈肉	水酒	烧酒
吉安	盐	醋	腈肉	水酒	烧酒
抚州	盐	醋	腈肉	水酒	吊个酒
鄱阳	盐	醋	腈肉	水酒	烧酒

	321 开水	322 烤火	323 理发	324 洗澡	325 遗尿
南昌	开水	炙火	剃头	洗澡	来尿
宜春	开水	炙火	剃脑	洗澡	来尿
吉安	茶	炙火	剃脑	洗澡	赖尿
抚州	烧水	遮火	剃头	做洗	来尿
鄱阳	开水	烘火	剃头	洗澡	撒尿

	326 睡觉	327 做梦	328 赶集	329 买肉	330 买布
南昌	睏觉	眠梦	当街	斫肉	扯布
宜春	睏觉	眠梦	当闹	斫肉	扯布
吉安	睡觉	眠梦	当墟	斫肉	扯布
抚州	睏觉	眠梦	赶墟	斫肉	扯布
鄱阳	睏觉	眠梦	上街	斫肉	扯布

	331 做饭	332 倒酒	333 媒人	334 相亲	335 订婚
南昌	舞饭	醓酒	媒婆	相亲	过定
宜春	舞饭	醓酒	媒婆	看栏场 / 看妹仔	定事
吉安	舞饭	醓酒	媒婆	相亲	订婚
抚州	舞饭	醓酒	媒婆子	看人家	定事 / 成事
鄱阳	□ [lu²¹³] 饭	醓酒	媒婆	相亲	定亲

	336 新郎	337 新娘	338 怀孕	339 孕妇	340 生孩子
南昌	新郎官	新娘子	驮肚	大肚婆	生
宜春	新郎官	新人	怀肚	怀肚婆	生
吉安	新郎官	新人	怀身	大肚婆	生
抚州	新郎相公	新人娘子	怀崽	大肚子	生
鄱阳	新郎官	新娘子	□[kʰuan²¹]肚	大肚妈妈	生

	341 流产	342 坐月子	343 吃奶	344 断奶	345 去世
南昌	流	蓄月子	喫奶	断奶	死
宜春	打小产	坐月	喫奶	断奶	死
吉安	流	坐月子	喫奶	断奶	死
抚州	落崽	打月里	喫奶	短奶	死
鄱阳	打小产	坐月子	喫奶	离奶	死

	346 埋葬	347 坟墓	348 上坟	349 开张	350 合伙
南昌	埋	坟	上坟	起头发市	佮伙
宜春	埋	坟	挂清	发市	佮伙
吉安	葬	坟	挂纸	开张	打伙
抚州	葬/埋	坟	叫青清明上坟/挂纸平时上坟	发市	佮伙
鄱阳	葬/埋	坟	到坟上去	发市	打伙

	351 讲客气	352 丢脸	353 说话	354 闲聊	355 聊天
南昌	作礼	蚀面子/现世	话事	噍牙颡	谈坨

续表

	351 讲客气	352 丢脸	353 说话	354 闲聊	355 聊天
宜春	演文	跌鼓/现世	话事	噍牙齴	打讲
吉安	演文	跌鼓	话话	噍牙齴	谈坨
抚州	作礼	折面子	话事	噍牙齴	话闲事
鄱阳	拘礼	跌鼓	话事	嚼寡话	话事

	356 吵架	357 打架	358 撒谎	359 接吻	360 挨打
南昌	讲仗	打架	打谎	嗅嘴	驮打
宜春	相讲	镦架	打乱话	亲哺	挨打
吉安	讲口	打架	打蛮话	亲嘴	驮打
抚州	讲口/相骂	打架	打白话	亲	驮打
鄱阳	相骂	打架	话谎话	打蹦	捱打

	361 挨骂	362 运气好	363 运气不好	364 学校	365 上学
南昌	驮骂	走运	倒运	学堂	上课
宜春	挨骂	行时	背时	学堂仂	去学堂仂
吉安	驮骂	行运	背时	学堂	去学堂仂
抚州	驮骂	行时	背时	学堂	上课
鄱阳	挨骂	行时	背时	学校	上课

	366 放学	367 考试	368 铅笔	369 钢笔	370 圆珠笔
南昌	下课	考试	铅笔	钢笔	圆珠笔
宜春	放学	考试	铅笔	钢笔	圆子笔
吉安	下课	考试	铅笔	钢笔	圆珠笔
抚州	放学	考试	铅笔	水笔	圆珠笔
鄱阳	下课	考试	铅笔	自来水笔	圆珠笔

	371 毛笔	372 捉迷藏	373 跳绳	374 舞狮	375 唱歌
南昌	毛笔	蒙蒙躲躲	跳绳	舞狮子	唱歌
宜春	毛笔	躲蒙蒙狗	跳绳	耍狮子灯	唱曲子
吉安	毛笔	捉蒙牯	跳绳	舞狮子	唱歌
抚州	墨笔	寻躲嘚	跳绳	猥狮子	唱歌
鄱阳	毛笔	躲猫猫子	跳绳	狮子舞	唱歌

	376 演戏	377 划拳	378 下棋	379 猜谜语	380 变魔术
南昌	演戏	划拳	下棋	猜谜子	变把戏
宜春	唱戏	猜拳	下棋	估谜仔	变把戏
吉安	演戏	划拳	下棋	猜谜语	变把戏
抚州	演戏	划拳	同棋	猜谜子	变把戏
鄱阳	做戏	划拳	动棋	猜谜子	变魔术

	381 讲故事	382 看	383 听	384 闻	385 点头
南昌	讲故事	看	听	嗅	□〔tɔʔ⁵〕头
宜春	讲故事	看	听	闻	□〔nin²¹〕脑壳
吉安	讲故事	看	听	嗅	□〔tsan³⁴〕头
抚州	讲古	看	听	嗅	锁头
鄱阳	讲古	看	听	嗅	□〔tɕieŋ²¹〕头

	386 惦念	387 忘记	388 知道	389 生气	390 担忧
南昌	忟到	谋记 / 望记	晓得	着气	着膈
宜春	念到	谋记	晓得	着气	着膈

续表

	386 惦念	387 忘记	388 知道	389 生气	390 担忧
吉安	挂到	谏波	晓得	着气	膈
抚州	挂到	谏记	晓得	着气	着膈
鄱阳	忺到	望记	晓得	着气	着膈

	391 害怕	392 认识	393 搂抱	394 喜欢	395 丢失
南昌	着吓	认得	揇	欢喜	跌
宜春	着吓	认得	箍	喜欢	失
吉安	着吓	认得	箍	喜欢	跌
抚州	着吓	认得	揇	喜欢	跌
鄱阳	着吓	认得	抱	欢喜	落

	396 寻找	397 走	398 跑	399 站	400 蹲
南昌	寻	走	跑	徛	跍
宜春	寻	直	波=	徛	铺=
吉安	寻	走	跑	徛	铺=
抚州	寻	行/走	跑	徛	跍
鄱阳	寻	走	跑	徛	蹲

	401 跳	402 摔 他~了一跤	403 藏	404 拧 ~螺丝	405 挑 ~水
南昌	纵	跌	弆	毂	担
宜春	纵	跌	偋	毂	挍
吉安	起跳	跌	偋	扭	担
抚州	跳	跌	园	毂	担
鄱阳	蹦	跌	园	转	担

	406 搔~痒	407 有~钱	408 没有~钱	409 是	410 不是
南昌	□[tse^{42}]	有	冒	是	不是
宜春	□[tse^{34}]	有	冒	是	不是
吉安	□[leu^{34}]	有	冒	是	不是
抚州	爬=	有	冒	是	冒是
鄱阳	抓	有	冒	是	不是

	411 我	412 你	413 他	414 我们	415 你们
南昌	我	尔/恁	渠	我们	你们
宜春	我	你	渠	我伢	你伢
吉安	阿/我	你	渠	阿东	你东
抚州	我	你	渠	我人	你许多人
鄱阳	我	你	渠	我帮人	你帮人

	416 他们	417 自己	418 大家	419 这里	420 那里
南昌	们	自间	大家	箇里	许里
宜春	渠伢	自家	大家	箇里	恁里
吉安	渠东	自间	大家	盖里	改里
抚州	渠许多人	自己	大家	箇里/该里	许里
鄱阳	渠帮人	自间	大伙	箇里	尔里

	421 这个	422 那个	423 这些	424 那些	425 这样
南昌	箇个	许个	箇些	许些	箇样
宜春	箇只	恁只	箇仔	恁仔	箇样
吉安	盖只/盖个	改只/改个	盖些	改些	盖样
抚州	箇个/该个	许个	该多	许多	该□[noŋ^{51}]样
鄱阳	箇个	尔个	箇些	尔些	箇个样子

	426 那样	427 谁	428 什么	429 哪里	430 怎样
南昌	许样	哪个	什伩	哪里	郎样
宜春	恁样	哪个	啥仔	哪里	争仔
吉安	改样	哪个	咋个	哪里	□[loŋ²¹³]发伩
抚州	许□[noŋ⁵¹]样	何个	什个	何里	怎么□[lin³²]
鄱阳	尔个样子	何个	什么	何里	何个样子

	431 肥胖	432 聪明	433 愚蠢	434 大方	435 小气
南昌	胖 / 壮	精灵	蝉 / 蠢 / 木	大光	小气
宜春	壮	精智	木 / 蝉	大方	陋馊
吉安	壮	精	蠢	大方	小气
抚州	胖 / 壮	精灵	□[ŋien²⁴] / 蠢	大方	小气
鄱阳	壮	刁	木 / 惛	大方	精

	436 厉害	437 能干	438 诚实	439 心眼不好	440 奸诈
南昌	煞辣	辣	忠厚	雀薄	奸
宜春	煞辣	能干	老实	雀剥	刁滑
吉安	煞辣	能干	老实	抠门	奸
抚州	煞辣	停当	老实	雀薄	滑
鄱阳	麻利	精明	老实	奸	刁

	441 不驯服	442 热闹拥挤	443 平整	444 干净	445 肮脏
南昌	聱戾	炀	熨帖	伶俐	腌臜
宜春	聱戾	炀	熨帖	干净	邋遢

	441 不驯服	442 热闹拥挤	443 平整	444 干净	445 肮脏
吉安	聱庋	炀	妥帖	□ [ɕiuŋ⁵³] 得	邋遢
抚州	聱庋	炀	熨帖	伶俐	邋遢
鄱阳	聱庋	热闹	熨帖	伶俐	□□ [lau⁵⁵tau⁵⁵]

	446 爽快	447 漂亮	448 丑	449 舒服	450 暖和
南昌	撒脱	客气	难看	好过	热和
宜春	撒脱	标致	丑	好过	滚
吉安	撒脱	标致	丑	好过	热
抚州	撒脱	排场	崇	好过	暖和
鄱阳	撒脱	排场	难看	好过	暖和

	451 长	452 短	453 大~碗	454 小~碗	455 宽
南昌	猛	短	大	小	阔
宜春	猛	短	大	细	阔
吉安	长	短	大	小	宽
抚州	猛	短	大	小	宽
鄱阳	猛	短	大	细	阔

	456 窄	457 高用于人	458 矮个子~	459 低飞得~	460 歪
南昌	狭	猛	矮	矮	歪
宜春	窄	猛	□ [lan³³]	矮	斜
吉安	窄	高	矮	低	斜
抚州	狭	猛	矬	低	歪
鄱阳	狭	猛	矮	矮	斜

	461 咸	462 淡	463 稠稀饭~	464 稀稀饭~	465 稀树种得~
南昌	咸	淡	浓	稀	稀
宜春	咸	淡	浓	稀	开
吉安	咸	淡	浓	稀	稀
抚州	咸	淡	浓	清	疏
鄱阳	咸	淡	浓	清	开

	466 黑	467 亮	468 暗	469 快跑得~	470 晚来~了
南昌	乌	光	暗	快	晏
宜春	乌	烧	暗	快	晏
吉安	乌	光	暗	快	晏
抚州	乌	光	暗	快	晏
鄱阳	乌	光	暗	快	晏

	471 □甜 很甜	472 □酸 很酸	473 □香 很香	474 □臭 很臭	475 □咸 很咸
南昌	鲜甜	揪酸	蓬香	□〔ho⁵〕臭	□〔sen⁴²〕咸
宜春	津甜	揪酸	蓬香	蓬臭	精咸
吉安	津甜	揪酸	蓬香	□〔ho²¹³〕臭	精咸
抚州	鲜甜	揪酸	蓬香	蓬臭	精咸
鄱阳	辛甜	揪酸	蓬香	蓬臭	精咸

	476 □淡 很淡	477 □乌 很黑	478 □圆 很圆	479 □轻 很轻	480 □木 很笨
南昌	刮淡	乜乌	揪圆	飘轻	掐木
宜春	刮淡	乜乌	□〔lo³⁴〕圆	飘轻	刮木

	476 □淡 很淡	477 □乌 很黑	478 □圆 很圆	479 □轻 很轻	480 □木 很笨
吉安	撇淡	乜乌	□［lui³⁴］圆	飘轻	刻木
抚州	餂淡	乜乌	揪圆	飘轻	揢木
鄱阳	瘪淡	乜乌	揪圆	飘轻	刻木

	481 □湿 很湿	482 □干 很干	483 □瘦 很瘦	484 刚	485 常常
南昌	拉湿	焦干	坑精鬼庾	刚刚	突几
宜春	接湿	焦干	坑庾	刚刚	一了子
吉安	拉湿	□［pa²¹］干	筐瘦	刚	一□［u³³⁴］哩
抚州	浇湿	□［lam³²］腊	坑庾	正脚/正刚	成日
鄱阳	滴湿	焦干	寡庾	刚脚/将	老是

	486 很~大	487 最~大	488 特意	489 都/全	490 一共 ~多少人
南昌	好/蛮	顶	特事	下	一起
宜春	蛮	顶	特家	一下	一起
吉安	很	最	特事	都	一起
抚州	老	顶	特竟	一起/总共	一起
鄱阳	蛮	最	竟为子	都	一起

	491 个 一~人	492 只 一~鸡	493 只 一~狗	494 头 一~猪	495 头 一~牛
南昌	只	只	只	只	只
宜春	只	只	只	只	只
吉安	只	只	条	只	头

续表

	491 个 一~人	492 只 一~鸡	493 只 一~狗	494 头 一~猪	495 头 一~牛
抚州	个	只	只	只	只
鄱阳	个	只	只	头	头

	496 条 一~鱼	497 张 一~桌子	498 双 一~鞋	499 块 一~肥皂	500 辆 一~车
南昌	只	只	双	块	只
宜春	条	张	双	块	把
吉安	只	只	双	只	只
抚州	只	张	双	块	只
鄱阳	条	张	双	块	部

	501 座 一~房子	502 座 一~桥	503 条 一~河	504 棵 一~树	505 顿 一~饭
南昌	栋	只	条	棵	餐
宜春	栋	座	条	棵	餐
吉安	栋	只	条	棵	餐
抚州	栋	座	条	头	餐
鄱阳	栋	座	条	棵	餐

	506 一会儿	507 杀猪 避讳语	508 猪耳朵 吉祥语	509 猪舌头 吉祥语	510 猪骨头 吉祥语
南昌	一下子	杀猪	猪顺风	猪赚头	猪盉子
宜春	一下子	杀猪	顺风	赚头	盉子
吉安	一下子	杀猪	顺风	利子	盉子
抚州	一下	洗猪	顺风	赚头	猪盉子
鄱阳	一下子	杀猪	顺风	赚头	猪血

第四章
赣方言区学习普通话语法的重难点

与普通话相比，赣方言在组词造句等方面都有着明显的地域特点，其中构词上的差异人们容易感知到，比如"桌子"吉安话中称为"桌仂"，词缀显然不同；句法上的差异则不易被察觉，比如"担心下雨，他带到雨衣出门了"，赣方言区的人们听到这句话时，理解上不会有任何困难，甚至会认为这是一个合乎语法规范的句子。这些也正是赣方言区人们在学习普通话语法过程中最难以提升之处。

本章分两节，第一节围绕赣方言与普通话在语法方面的主要差异来谈，重点分析学习者在普通话测试"说话"环节中习而不察的方言语法现象；第二节设计了100条普方语法例句对照，用以说明方言中的一些特殊语法现象。

一、赣方言与普通话语法的主要差异

赣方言与普通话语法上的主要差异可以从词法和句法两个角度分析。词法是指语素组合成词的规则，比如一种语言体系中存在哪些词缀，它们在组合时呈现出的特点等。句法则是指词或短语组合成句子的规则，本书主要讨论赣方言中的一些特殊句式，并与普通话相对

比，对比的目的是帮助学习者认识赣方言语法与普通话规范语法之间的差异，树立规范语法的概念和意识。

（一）赣方言中的常见词缀

1.仂、子

普通话中常见的名词词缀主要有"子"和"头"，如"桌子""枕头"等。赣方言中的词缀形式各异，比如宜春和吉安话常用的词缀是"仂"（如"桌仂""凳仂""锯仂""鸟仂"等），抚州话"仂"和"子"共用，南昌话中"子"是常用词缀。需指出的是，虽部分方言也用"子"缀，但使用规则与普通话不完全对应，有相当多的词在普通话中不用词缀来构词，而方言却需要，比如"母鸡"和"小鸡"在南昌话中分别表述为"鸡婆子"和"鸡崽子"。

2.动物性别标示语素

普通话中表示动物性别的两个语素是"公"和"母"，如"公鸡、母鸡""公牛、母牛"。赣方言中表示动物性别的语素主要有"牯、公、婆、嫫、娘"等。

"牯、公"是雄性动物表性语素，其中"牯"主要用于家畜，例如"牛牯、猪牯、狗牯"；而"公"一般用于家禽，例如"鸡公、鸭公"等。从位置来看，"牯"一般位于动物总名语素后（即后位），而"公"的位置较灵活，如雄性狗吉安话中说前位式的"公狗"，而南昌话则说后位式的"狗公"。

相比较而言，方言中用于表示雌性动物的语素要复杂些，"婆、嫫、娘"等都是常用语素。其中南昌、宜春一般用"婆"，抚州用"嫫"，吉安则兼用"婆、娘"（如"狗婆、猪娘"）。

此外，"公、婆"等语素在赣方言中不仅可以用来表示动物的性别，也可以用于人或物。如赣方言南昌话中"阿公"指外祖父；"蝉婆"指傻瓜；"芋头婆"既可指癞痢头女子，也可指母芋头。抚州话中"丈人公"指岳父，"斗静公"指胳膊肘。黎川话中称谓语"舅公"是指外婆的兄弟，"鼻公"指鼻子，"膝头公"指膝盖。吉安话中"姑公"指姑父，"姨公"和"舅公"分别指姨父和舅舅，"蠢公"指傻瓜。

（二）赣方言中的特殊形容词结构

1. AA 子

普通话中的单音节形容词可以重叠，如"红"重叠为"红红"、"高"重叠为"高高"。在江西很多方言中，重叠式 AA 后还要加词缀"子"才成立。如南昌话：

你慢慢子话，莫做急。你慢慢说，别着急。

轻轻子走，莫吵醒渠。轻轻地走，别吵醒他。

渠胖胖子个，个子不高。他胖胖的，个子不高。

2. A 打 A

有些形容词可以加上"打"，构成"A 打 A"的嵌音重叠形式，如"稳打稳、实打实、硬打硬"等，这类形式有加强语气的作用，对形容词所表示的性状予以充分肯定。如：

该件事稳打稳非常可靠，保准没错了。

渠他实打实实实在在个喫了五碗饭。

3. 特殊的偏正式形容词

普通话中有一类表示颜色的偏正形容词，如大红、粉红、碧绿、乌黑、湖蓝等。这类词的偏项有实义，如"湖蓝"可以理解为像湖水一样蓝。赣方言中也有这类词，而且数量比普通话多得多。以余干话为例，红可分为：大红、金红带金黄色、紫红、血红比紫红稍淡、水红淡红、粉红更淡且带白色、桃红比粉红稍深、艳红比桃红稍深。

赣方言中还有一类偏正形容词，如"津甜"（词缀＋形容词），"津"类词缀的作用类似于"很"，表示程度。这类形式在赣方言中大量存在，几乎所有表示性质、感觉、颜色的单音节形容词都能带上一个特定的词缀来表示状态的加强。

以南昌话为例，这类形容词生动形式有上百条，举例如下（大部分词缀的语义已经虚化，仅用来表示性质程度的加深，所以其本字很难考证，因此下文所记汉字很多可能只是同音替代字，而非本字）：

笔挺	笔直	脱大	通红	宣红	森黄	橘绿	刮绿	雪白	煞白
乜乌	乜黑	风快	飞快	飞滚	飞热	冰凉	冰冷	粉碎	丁咸
鲜甜	揪酸	蓬香	学臭	学苦	学臊	揪韧	呵辣	老早	老远
老深	梆硬	磽硬	老软	溜软	乜软	戌软	乜烂	老留	老昏
焦干	辣湿	蓬松	崭新	精光	吞厚	吞重	飘轻	滚圆	揪圆
辣扁	溜尖	溜滑	辣溜	乜暗	掸光	掸亮	白活	乜炀	森平
刮淡	脱高	坑瘦							

关于这类词，有几点必须交代：第一，这类词中的前缀虽有实义，但已有相当程度的虚化，相当于普通话中的"很"，但"很"的组合能力很强，而赣方言中的这些前缀并不具有能产性，词缀与词根的组合具有约定俗成性，不能随便类推。第二，这类词不能与"不"组合，赣方言中没有"不梆硬"的说法。第三，赣方言中这些生动形式如果用 AB 来指代的话，往往都可以按"ABAB"式重叠，如"笔挺"可以重叠成"笔挺笔挺"，重叠后表示的程度语义更深。南昌话中这些词还可按"AAB"形式重叠，如"冰冷"重叠为"冰冰冷"、"揪酸"重叠为"揪揪酸"、"雪白"重叠为"雪雪白"、"蓬香"重叠为"蓬蓬

香",这类重叠式的程度语义比基式弱,也就是说"冰冰冷"比"冰冷"的程度量语义要弱一些。如果按程度量语义强弱排列的话,应该是"ABAB>AB>AAB"(如"雪白雪白 > 雪白 > 雪雪白")。

(三)赣方言中数量词的习惯用法

赣方言中,数词是"一"的时候,往往可以省略,只说量词。

借块钱我借给我一元钱

如果所说的钱数字开头是"一",又没有余数,就可以将"一"及后面的单位名词都省略。

买只饼要角半一块饼要一角五分钱

一部电视机要千五一部电视机要一千五百块钱

赣方言中"子"经常与数量词组合,表示多种意义。

(1)"一"+ 量词 +"子",表示数量不多,"一"常可省略。

倒滴子水倒一点水

(2)"两 / 几"+ 量词 +"子",也可表示数量不多,但多数情况是说话人为了表示轻视或谦虚而故意将本来并不太少的数量往少里说,是主观小量的一种表达式。

我买了几斤子肉。

我只吃了两块子肉,你就说我吃多了。

(3)不定数字 + 量词 +"子",表示约数,相当于普通话的"左右""上下"。

三四块子三四块左右　　　　十几斤子十来斤

(4)"把"字置于"子"之前构成"把子",再置于量词之后,表示的数目是"一",却通常只是个约数。

斤把子一斤左右　　　里把子一里左右　　　个把子一个左右

有时不指约数,而是说话人在感情上认为数量太少,不值什么。

里把子路一下子就到了。(认为很近)

买斤把子菜还要带篮去装？（认为很少）

（四）赣方言中的几个惯用虚词

1. 倒

"倒"用在动词后，作用相当于普通话的助词"着"。

第一，用于存现句中表示持续状态。

客厅里坐倒几个客人。

桌上放倒本书。

第二，出现在祈使句中，表示命令、请求、建议、提醒或安排。

莫动，困倒！ 别动，睡着！

徛倒！ 站着！

第三，出现在连动句中，前一个动词作为后一个动词的方式或手段。

你坐倒话。你坐着说。

你可以扶倒墙走路。你可以扶着墙走。

2. 紧

"紧"用在动词前，表示动作没完没了地持续着，有"一直、总是、不停地做什么"的意思。

小王紧吃也不觉得饱。小王不停地吃着，也没觉得饱。

紧落雨。总是下雨。

"紧+V"也可以重叠为"紧V紧V"，起加强语气的作用，多含有腻烦的情绪。

紧话紧话，耳朵都聋了。总说总说，耳朵都听聋了。

3. 过

普通话中的"V+过"表示曾有过某种经历，如"我到过北京"。赣方言中除了这种语义之外，"V+过"还可表示重复已发生的动作。

字写得看都看不清，写过。字写得看不清，重写。

画得不好，画过！画得不好，再画一遍。

手表坏了，我要买过一只。手表坏了，我要再买一只。

4. 几

副词"几"在赣方言中是一个多功能词，既可以修饰形容词，表示程度；也可以作为疑问副词，询问事物的性质状态等。

第一，作为程度副词，构成"几+形容词"结构，语义相当于普通话"多么……"，常用于感叹句。极言某种程度时，往往用"不晓得几+形容词"结构，意为"非常……"。

今天电影几好看哟！今天的电影很好看。

渠_他几会吃哟！他很能吃。

渠_他对老婆不晓得几好！他对老婆非常好！

这种结构的否定形式是"冒+几+形容词"。

昨日来个人冒几高。昨天来的那个人不太高。

从该里到学堂冒几远。从这里到学校不太远。

第二，作为疑问副词使用，比如"几高、几远、几大、几多、几久"分别询问的是高度、距离、大小（包括年龄及空间）、数量和时间。

昨日来个人有几高？昨天来的人有多高？

从学堂到屋家有几远？从学校到家里有多远？

该个伢崽几大？这个小孩多大？

青菜几多钱一斤？青菜多少钱一斤？

教室里坐得落几多人？教室里坐得下多少人？

渠_他几久会回来一趟？<small>他多长时间会回来一次？</small>

5.净

"净+V"，相当于普通话的"全""都"。

该个教室净是男个。<small>这个教室全是男生。</small>

该箩花生净是坏个。<small>这箩花生都是坏的。</small>

（五）赣方言中的几个特殊句式

1.双宾语句

普通话表示给予类的动词（"给、送、寄、汇、带"等）后面常带两个宾语，构成双宾语。两个宾语分别指人和指物，其中指人宾语在前，指物宾语在后，如"外婆给了我压岁钱"，"我"是指人宾语，指物宾语是"压岁钱"。可见，普通话中双宾语句的结构是："主语+动词+指人宾语+指物宾语"。

赣方言的双宾语句情况要复杂些。第一，体现在语序上。赣方言多数地区双宾语句的语序结构与普通话相异，为"主语+动词+指物宾语+指人宾语"，指物宾语在前，而指人宾语在后；还有些地方指人宾语与指物宾语的语序是不固定的，也就是说，"主语+给予类动词+指人宾语+指物宾语"和"主语+给予类动词+指物宾语+指人宾语"两种语序并存。

如"同学借给他一本书"这句话在赣方言中分别表述为：

南昌：同学借了一本书渠_他。

宜春：同学借得把渠一本书。

吉安：同学借哩一本书得渠。

抚州：同学借摆渠一本书。/同学借一本书摆渠。

鄱阳：同学把哩一本书借到把渠。

可见，南昌和吉安两个方言点双宾句的结构都是"主语（同学）+动词（借）+指物宾语（一本书）+指人宾语（他）"，赣方言大部分地方如此，再比如万载县"我摆本书小李 | 朱莉送张戏票你"；进贤县"你借本书我 | 张明送张电影票你"等。抚州话有两种表述方式，"书"与"他"的位置是灵活的，可前可后。

第二，赣方言有些地方话中的指人宾语需要介词介引，而各地所用的介词也各有特色，南昌用"到""得"，吉安用"得"，抚州用"摆"，鄱阳用"把"。比如南昌话"阿婆拿了压岁钱到我外婆给了我压岁钱"，"到"的作用是介引出指人宾语"我"；再比如吉安话"同学借哩一本书得渠同学借给他一本书"，"得"作为介引成分是不可少的。

表4-1　赣方言各代表方言点双宾句对照表

	027 给我一支笔。	028 外婆给了我压岁钱。	029 这本书送给你。	030 同学借给他一本书。
南昌	拿一只笔到我。	阿婆拿了压岁钱到我。	箇本书送得尔。	同学借了一本书渠。
宜春	拿一只笔把得我。	阿婆把得我压岁钱。	箇本书送得你。/箇本书送得把你。	同学借得把渠一本书。
吉安	把只笔得我。	外婆把哩压岁钱得阿。/外婆把哩压岁钱得我。	盖本书送得你。	同学借哩一本书得渠。
抚州	摆一支笔我。	阿婆摆哩压岁钱我。	该本书送摆你。	同学借摆渠一本书。/同学借一本书摆渠。
鄱阳	把一支笔把我。	外婆把了压岁钱把我。	箇本书送得把你。	同学把哩一本书借到把渠。

2.处置句

普通话中表示把人怎样安排、怎样支使、怎样对付，或把物怎样处理，或把事情怎样进行的语义往往用处置式，即用介词"把"把宾语提到动词前面，如"快点把我送到车站"。正因为普通话中处置句往往用标记词"把"将处置对象介引到动词前，所以也称为"把字句"。赣方言有与普通话一样的句式，也常用介词将处置对象介引于动词前表示处置的语义，但在以下三点上有区别。

第一，标记词有别，普通话处置句的标记是"把"，赣方言的处置句标记主要有"拿（南昌话）、把（宜春话、吉安话、鄱阳话）、摆（抚州话）"等。各代表方言点的处置句标记情况具体见下表。

表4-2 赣方言各代表方言点处置句标记对照表

	处置句标记	032 把门关上。	033 你把这头牛牵回家去。	035 他把妹妹带来了。
南昌	拿	拿门关到。	恁拿箇头牛牵去归。	渠拿妹子带来了。
宜春	把	把门关到。	你把箇只牛牵得回去。	渠把妹仔带得来哩。
吉安	把	把门关到。	你把盖只牛牵回屋里去。	渠把妹子带得来哩。
抚州	摆	摆门关到。	你摆该只牛牵转屋下去。	渠摆妹崽带来哩。
鄱阳	把	把门关到。	你把箇条牛牵回去。	渠把妹妹带来咧。

第二，赣方言中的"拿、把、摆"等处置句标记兼具动词给予义，或者说这些方言中的处置标记明显来源于给予类动词。具体例子见下表。

表4-3 赣方言各代表方言点处置句标记兼具动词给予义对照表

	026 还有一点钱我就不给你了。	027 给我一支笔。	028 外婆给了我压岁钱。
南昌	还有一口［tia⁵］子钱我就不拿得怎了。	拿一只笔到我。	阿婆拿了压岁钱到我。
宜春	还有一划子钱我就不把得你哩。	拿一只笔把得我。	阿婆把得我压岁钱。

	026 还有一点钱我就不给你了。	027 给我一支笔。	028 外婆给了我压岁钱。
吉安	还有一花哩钱我就不把得你去哩	把只笔得我。	外婆把哩压岁钱得阿。/ 外婆把哩压岁钱得我。
抚州	还有几几钱我就不摆你哟。	摆一支笔我。	阿婆摆哩压岁钱我。
鄱阳	还有些钱我就不把得你哩。	把一支笔把我。	外婆把了压岁钱把我。

第三，在句式选择上，普方有差异，即有时普通话中必须用处置式表达的，赣方言中却更习惯选动宾句。

表4-4　普方表达处置义句式选择对照表

	036 他把衣服洗得很干净。	037 快点把门打开。
南昌	渠洗得衣裳干干净净。	快口[tia⁵]子拿门打开。
宜春	渠把衣服洗得蛮干净。	快划子把门打开来。
吉安	盖只衣裳渠洗得蛮干净。	快花哩打开门来。
抚州	渠摆衣裳洗得老净。	快叫摆门打开来。
鄱阳	渠把衣服洗得好干净。	快几把门打开来。

可见，赣方言中的处置句并没有普通话那么发达，有时会优选动宾句来表达处置义。如上表，普通话中两个把字句"他把衣服洗得很干净"和"快点把门打开"，吉安话都没有表述为相对应的处置式，而是用一般动宾句。

3. 被动句

被动句是指句中主语与谓语的关系是一种被动关系，也就是说主语不是谓语动词动作的施事，而是受事。普通话中的被动句往往用"被"作为表示被动的介词，所以也称为"被字句"，这一句式主要有两种基本形式：

N_{受事}+ 被动介词 +N_{施事}+VP：　　　　　树被大风吹倒了。

N_{受事}+ 被动介词 +VP：　　　　　　　　碗被打破了。

　　赣方言各方言点中被动句式比较一致，句子结构也与普通话基本相同，但介引施事的被动词各地差异比较大。赣方言绝大部分地区被动句的标记不用"被"，而是用其他词，主要有"等""驮""得""着"。各代表方言点被动句中被动词情况具体见下表。

表 4-5　赣方言各代表方言点被动句标记对照表

	被动句标记	038 树被大风吹倒了。	040 手套被烟头烧了一个洞。
南昌	等 / 驮	树等风吹倒了。/ 树驮风吹倒了。	手套子等烟头烧了一只洞。/ 手套子驮烟头烧了一只洞。
宜春	等	树等风吹倒哩。	手套子等烟头烧去了一只洞。
吉安	等 / 得	树等风吹倒哩。/ 树得风吹倒哩。	手套仍等烟头烧泼一洞。/ 手套仍得烟头烧泼一洞。
抚州	着 / 驮 / 等	树着大风吹倒哩。	手套着烟头子烧咧一个洞。/ 手套驮烟头子烧咧一个洞。/ 手套等烟头子烧咧一个洞。
鄱阳	等	树等风吹倒咧。	手套子等烟头子烧哩一个洞。

　　另外，很多赣方言中"被"所引介的行为施事者不能省略，这一点和普通话不同。例如"她被开除了"在吉安话中表述为：

渠等人家辞泼哩。/ 渠得人家辞泼哩。

　　从上面这个例子可以看出，吉安话中被动句的动作施事在结构上是不可省的，即使动作施事不是明确的某人或某组织，在表达时也必须用"人家"等类词将施事补充出来。

4. 比较句

比较句指表示比较的句子。比较句从语义上可以分为等比句和差比句两类。

（1）等比句

等比句是指比较甲、乙两事物在某方面是否相等。赣方言等比句的句式与普通话基本相同，其句式结构为"甲＋跟＋乙＋一样＋比较项"。赣方言各代表方言点等比句情况见下表。

表 4-6　赣方言各代表方言点等比句对照表

	044 今天跟昨天差不多热。
南昌	今日跟昨日差不多（子）热。
宜春	今□［ŋa⁴］跟昨日差不多（子）热。
吉安	今日跟昨日差不多热。
抚州	今朝跟昨日差不多热。
鄱阳	今朝跟昨日差不多子热。

（2）差比句

从语义上看，差比句有两种情况："甲超过乙"和"甲不如乙"。

第一，"甲超过乙"。

普通话表示"甲超过乙"语义，用"甲比乙 A（补语）"或"甲比乙（更、还）A"句式。赣方言各代表方言点有跟普通话一样的表达式"甲比乙 A（补语）"，也有相异于普通话的特殊表达式"甲 A 过（似）B""甲 A 乙（补语）"。具体见下表。

表4-7　赣方言各代表方言点"甲超过乙"差比句对照表

	046 我比他大两岁。	048 徒弟比师傅强。
南昌	我大渠两岁。	徒弟强过师傅。
宜春	我大渠两岁。	徒弟比师傅强。
吉安	我大渠两岁。	徒弟强过哩师傅。
抚州	我大渠两岁。	徒弟强似师傅。
鄱阳	我比渠大两岁。	徒弟比师傅行。

第二，"甲不如乙"。

普通话中这类比较句的句式包括"甲没有乙（那么）A""甲没有比乙A（补语）""甲V不过乙"等。赣方言各代表方言点对应的句式分别是"甲冒A乙（补语）""甲V乙不赢"或"甲V不赢乙"。具体见下表。

表4-8　赣方言各代表方言点"甲不如乙"差比句对照表

	047 我没比他大多少。	089 我打不过他。
南昌	我冒大渠几多。	我打渠不赢。
宜春	我冒大渠几多。	我打不赢渠。
吉安	我冒大渠几多。	我打渠不赢。
抚州	我冒大渠几多。	我打不赢渠。
鄱阳	我冒比渠大几多。	我打不赢渠。

（六）赣方言中的特殊语序

1.时间先后状语

普通话通常将"先、后、早、晚"等时间词置于动词之前，作为表示时间先后的状语，如"先礼后兵、早睡晚起"。通常情况下，赣方言也如此。不过，赣方言中表示"先发生动作1，再发生动作2"的语义往往用"动词₁+起，再+动词₂"句式，如"喫酒起，再喫饭"，意思是"先喝酒，再吃饭"。

表4-9 赣方言各代表方言点"时间先后状语"对照表

	063 先喝酒，等一会儿再吃饭。	064 先切肉，晚点再炒菜。
南昌	喫酒起，等一下子再喫饭。	先切肉，晏□〔tia⁵〕子再炒菜。
宜春	先喫酒，等一下子再喫饭。	先切肉，晏划子再炒菜。
吉安	喫酒先，等一下再喫饭。/ 先喫酒，饭等一下再喫。/ 先喫酒，等一下再喫饭。	先切肉，晏花哩再炒菜。/ 切花哩肉先，晏花哩再炒菜。
抚州	喫酒起，等一下再喫饭。	先切肉起，晏几再炒菜。
鄱阳	喫酒起，等一下子再喫饭。	先切肉，晏几再炒菜。

	066 明天一大早有事，要早起一点。	067 你前面走，我跟着你走。
南昌	明日大清早有事，要早□〔tia⁵〕子起。	恁到前头走，我跟到恁走。
宜春	明日蛮早有事，要早划子起。	你行前，我跟到你走。
吉安	明日清日蛮早有事，要早花哩起。	你走前头，我跟到你走。
抚州	明朝，要起早几。	你行前走，我跟到你走。
鄱阳	明子一大早有事，要早点起来。	你走得前头，我跟到你走。

普通话"早起"在赣方言抚州话中对应的说法是"起早"，"前面走"吉安话中说成"走前头"，语序上普方有异。

2. 用"凑"（或"添"）表示加量

普通话通常用"再+动词+数量"表示在原来的基础上加量。例如"再吃一碗""再写几行"。赣方言一般不用这种句式，而是在句末加"凑"或"添"来表示,"再"则可以不出现。具体见下表。

表 4-10　赣方言各代表方言点"凑(添)表示加量"句对照表

	069 没吃饱,再吃一碗。	070 我还要再说几句。
南昌	冒喫饱,(再)喫(一)碗凑。	我还要话几句凑。
宜春	冒喫饱,喫(一)碗凑。	我要话几句事凑。
吉安	冒喫饱,(再)喫一碗添。	我还要话几句添。
抚州	冒喫饱,(再)喫(一)碗凑。	我还要话几句事凑。
鄱阳	冒喫饱,(再)喫一碗凑。	我还要话几句事凑。

3. 过量状语

普通话常用"太+形容词+了"表示过量,"太"置于形容词之前,例如"太多了""太长了"。赣方言常用"伤""绝""很"等词置于形容词后作补语来表示。具体见下表。

表 4-11　赣方言各代表方言点"过量状语"句对照表

	093 今天的菜太辣了。
南昌	今日个菜太辣伤了。
宜春	今□[ŋa⁴]个菜辣伤哩。
吉安	今日个菜辣伤哩。/ 今日个菜辣绝哩。
抚州	今朝个菜辣很哩。
鄱阳	今朝个菜太辣了。

值得注意的是,"形容词+伤(绝、很)"过量结构往往带有主观贬义,即表示说话人认为其性状的程度量过于高了,超出了可接受范围。所以积极意义的形容词一般不能进入这个结构,比如"干净伤了""漂亮伤了"这样的说法是不成立的。

4. 宾语和可能补语的顺序

普通话中，可以用"动词 + 得 / 动词 + 不得"表示动作发生或实现的可能性，如"生东西吃得 / 生东西吃不得"；表示动作发生后是否能达成某种结果，则用"动词 + 得 + 形容词"结构，如果动词后可能补语和宾语共现，可能补语的位置通常位于宾语之前，如"他挑得起三百斤"。

赣方言中，可能补语的结构也是"动词 +（不）得"，不过，这个结构不论适用范围还是结构形式，都与普通话有一定区别。

首先，能出现在这个结构中的不只是动词，还包括形容词，如"渠身体不好，热得冷不得。他的身体不太好，耐热但不耐冷。""你晓得南昌个冬天冷得几久么？你知道南昌的冬天会冷多久？""该个颜色如果再红得几就好。这颜色如果能再红一点就好了。"上述例子中，"热得、冷不得、冷得几久、再红得几"等结构在普通话中是不成立的，对应的表达方式大致为"能耐热、不能耐冷、能冷多久、能再红一点"。

其次，普通话中不能用此结构表述的，赣方言中可以。比如普通话"去得"的意思是"能去"，如"初学三年，天下去得。再学三年，寸步难行"。赣方言也有这种用法，不过"高考六百分，能去南昌大学吗？"这类句子，赣方言却往往用"去得"结构来表达，如"高考六百分，去得南昌大学么？"显然，这在普通话中是不成立的。

另外，当可能补语与宾语共现时，赣方言中表示可能的补语总是放在宾语之后，语序一般为"动词 + 得 + 宾语 + 补语"（如"请得他来"）。否定式要复杂一些，共有三种语序："动词 + 宾语 + 不 + 补语"（如"请他不来"）、"动词 + 不 + 宾语 + 补语"（如"请不他来"）、"动词 + 不 + 补语 + 宾语"（如"请不来他"）。具体见下表。

表 4-12　赣方言各代表方言点宾语和可能补语顺序对照表

	084 今天他觉得好了点，能吃下半碗饭了。	090 我请不动他，只有小李请得动他。
南昌	今日渠觉得好□［tia⁵］子，喫得下半碗饭。	我请不来渠，只有小李请得渠来。
宜春	今□［ŋa⁴］渠觉得好哩划子，喫得半碗子饭到。	我请不来渠，就小李请得来渠。
吉安	今日渠觉得好花哩，喫得半碗子饭下。	我请渠不来，只有小李请得渠来。
抚州	今朝渠觉得好几把，喫得半碗饭下了。	我请渠不来，只有小李请得渠来。
鄱阳	今朝渠觉得好些子，可以喫得半碗饭下去。	我请不到渠来，只有小李请得到渠来。

	085 一辆车能装下三十个人。	086 他挑得起两百多斤。
南昌	一只车装得下三十个人。	渠挑得起两百多斤。
宜春	一把车装得下三十只人。	渠挑得起两百多斤。
吉安	一只车装得三十只人下。	渠挑得两百多斤起。
抚州	一只车装得下三十个人。	渠担得两百多斤起。
鄱阳	一只车坐得下三十个人。	渠挑得起两百多斤。

	087 这本书卖得到两块钱。	088 这本书卖不到两块钱。
南昌	箇本书卖得到两块钱。	箇本书卖不到两块钱。
宜春	箇本书卖得两块钱到。	箇本书卖不到两块钱。
吉安	盖本书卖得两块钱到。	盖本书卖不到两块钱。
抚州	该本书卖得到两块钱。	该本书卖不到两块钱。
鄱阳	箇本书卖得到两块钱。	箇本书卖不到两块钱。

　　有意思的是，吉安话中的"这本书卖三元不到"意思是"定价不到三元"，"一百块不到"意思是"不到百元"，"这个西瓜卖三块钱不

到"意思是"这西瓜的定价不到三块钱","许件衣服一百块钱不到"意思是"那件衣服的定价不到一百块钱","从这里到吉安两百公里不到"意思是"不到两百公里","从这里到吉安二十分钟不到"意思是"路程不到二十分钟"。另外,赣方言中还有"这两个细伢子差不得两岁"或"差得两岁不到","今日比昨日冷不十度不到","这件衣服比那件贵不到十块钱"等特殊语序现象。

（七）赣方言中的特殊语气词"是"

"是"在普通话中是动词,这一点赣方言与普通话一致。但在南昌及部分赣方言区中,"是"还可作语气词,是一个颇具地域特色的特殊语气词。语气词"是"在南昌话中的用法大致有两种:用于不出现疑问代词的特指问句;用于陈述句或感叹句。

1. 用于不出现疑问代词的特指问句

（1）表示询问原因

今年冬天紧落雨,冒落雪是? 今年冬天怎么总下雨,不下雪?

他还冒来是? 他为什么还不来?

普通话中没有"是"的这种用法,因此,南昌人在讲普通话时,要改成带有疑问代词的特指问句,句末不再用"是",而用"啊"或"呢"。

小万就结婚哪? 我不晓得是? →小万就结婚哪? 我怎么不知道呢?

（2）表示询问结果

询问的结果是指假设的"结果"。"是"前面论述一件可能发生的事情,是一种假设,常出现"要是""万一"等词。"是"表示询问结果。

要是人家晓得是? 要是人家知道了,怎么办?

万一你不吃是？ 万一你不吃怎么办？

普通话与这类"是"字句相当的句子是"要是（如果，万一）
……呢"。

你明天不来是？ →你明天要是不来呢？

（3）"名词性成分＋是"也可构成特指问句

这一结构与普通话"名词性成分＋呢"构成的特指问句相当，
可用来表示询问原因、结果等。

他病了冒去，你是？ 他病了没去，你为什么没去？

今天就一起吃光了，明天是？ 今天就全部吃完了，明天怎么办呢？

2. 用于陈述句或感叹句

（1）表示原因

A：你不吃饭哪？

B：我刚才吃了是。

（2）表示提醒

词典是，要不要带去？ 词典呢，要不要带去？

（3）表示对所谈对象的某种看法

可褒可贬，视句子语义而定。其中语气词"是"相当于普通话的
"这／那个人哪"。

小芳是，一年都冒回来一下。 小芳这个人哪，一年都没回家一趟。

他是，一年可以赚几十万。 他这个人哪，一年可以赚几十万。

（4）表示假设

这是天晴哦，碰到落雨是！ 如果碰到下雨天，路泥泞得根本没法走。

很多学习者在用普通话交流时，常会不自觉地带上这个方言语气
词。要注意"是"作为句末语气词表示疑问或者感叹都是方言中才有
的语法现象，普通话中的"是"没有这种功能。

二、普方语法例句对照

001.（现在你干什么去？）我去买菜。

002.（刚刚你干什么去了？）我去买菜了。

003.（你去哪儿？）我去南昌。

004.（你昨天去哪儿了？）我去南昌了。

005. 门口停着一辆车。

006. 站起来，别坐着。

007. 你端着，别放手。

008. 戴着帽子找帽子。

009. 她说着说着，就哭起来了。

010. 我们一边走一边说，说着说着就到了。

011. 他们在跟客人说话。

012. 他来了三天了。

013. 房子拆了。

014. 袜子破了。

015. 我想吃了晚饭，看过电视再去。

016. 卖了旧的买新的。

017. 他们从前做过生意。

018. 等我问过他再说给你听。

019. 我去过三次上海。

020. 看都看不清，你再写一遍。

021. 让他说下去，别插嘴。

022. 你来闻闻这朵花香不香？

023. 你自己的事，你要去看看。

024. 我自己的事，用不着你说。

025. 他给儿子攒了很多钱。

026. 还有一点钱我就不给你了。

027. 给我一支笔。

028. 外婆给了我压岁钱。

029. 这本书送给你。

030. 同学借给他一本书。

031. 我们叫他张大爷。

032. 把门关上。

033. 你把这头牛牵回家去。

034. 他没把书包拿回来。

035. 他把妹妹带来了。

036. 他把衣服洗得很干净。

037. 快点把门打开。

038. 树被大风吹倒了。

039. 碗被打破了。

040. 手套被烟头烧了一个洞。

041. 书被妹妹弄脏了。

042. 她被骂了一顿。

043. 她被开除了。

044. 今天跟昨天差不多热。

045. 这种颜色跟那种颜色不同。

046. 我比他大两岁。

047. 我没比他大多少。

048. 徒弟比师傅强。

049. 好得不得了。

050. 昨天来的那个人没多高。

051. 你们别管，让他去说。

052. 他是你的老师吗？

053. 你要哪种呢？

054. 明天是星期六吗？

055. 他多高？

056. 是你去还是他去呢？

057. 你喜欢红的还是黑的？

058. 我应该不应该去？

059. 你洗不洗澡？

060. 你去不去上海？

061. 你去了上海没有？

062. 你认识他是谁吗？

063. 先喝酒，等一会儿再吃饭。

064. 先切肉，晚点再炒菜。

065. 他们还没来，我们先下盘棋。

066. 明天一大早有事，要早起一点。

067. 你前面走，我跟着你走。

068. 你家里有事，明天晚点来也可以。

069. 没吃饱，再吃一碗。

070. 我还要再说几句。

071. 等一会儿再说。

072. 衣服干了的穿得，没干的穿不得。

073. 这块布能做两件衣服。

074. 这块布做不到两件衣服。

075. 今年冬天冷了好长一段时间。

076. 今天累得他好苦。

077. 老师被这几个学生气得哭。

078. 这些作业你赶快送去。

079. 香菜我们不吃。

080. 他这几天身体不好，做不了事。

081. 他再高两寸就摸得到门框。

082. 这袋米能吃比较长一段时间。

083. 这件衣服只有我能穿，她太胖了穿不下。

084. 今天他觉得好了点，能吃下半碗饭了。

085. 一辆车能装下三十个人。

086. 他挑得起两百多斤。

087. 这本书卖得到两块钱。

088. 这本书卖不到两块钱。

089. 我打不过他。

090. 我请不动他，只有小李请得动他。

091. 坐飞机去出差。

092. 今天天气很冷。

093. 今天的菜太辣了。

094. 他用手在袋子里一直搜。

095. 你慢慢地说，别着急。

096. 他会去的。

097. 用毛笔写字。

098. 我找遍了，都没买到那本书。

099. 你刚刚才吃了药，别喝茶。

100. 门上贴着一副对联。

	001 （现在你干什么去？）我去买菜。
南昌	我去买菜。
宜春	我去买菜。
吉安	我来去买菜。
抚州	我来去买菜。
鄱阳	我去买菜。

	002 （刚刚你干什么去了？）我去买菜了。
南昌	我去买菜了。
宜春	我去买菜了。
吉安	我去买菜哩。
抚州	我去买菜了。
鄱阳	我去买菜去了。

	003 （你去哪儿？）我去南昌。
南昌	我去南昌。
宜春	我去南昌。
吉安	我来去南昌。
抚州	我来去南昌。
鄱阳	我到南昌去。

	004 （你昨天去哪儿了？）我去南昌了。
南昌	我去南昌了。
宜春	我去南昌哩。
吉安	我去南昌哩。
抚州	我去南昌了。
鄱阳	我到南昌去了。

	005 门口停着一辆车。
南昌	门口停了一只车。
宜春	门口停哩一把车。
吉安	门口停哩一只车。
抚州	门口停到一只车子。
鄱阳	门口停了一部车子。

	006 站起来，别坐着。
南昌	徛起来，莫坐到。
宜春	站得起来，莫坐到。
吉安	立起来，莫坐到。 / 站起来，莫坐到。
抚州	徛起来，莫坐到。
鄱阳	徛起来，莫坐倒。

	007 你端着，别放手。
南昌	你端到，不要松手。
宜春	你端到，莫撒手。 / 你端到，不要撒手。
吉安	你端到，不要松手。
抚州	你端到，莫放手。
鄱阳	你端到，不要放手。

	008 戴着帽子找帽子。
南昌	戴到帽子寻帽子。
宜春	戴到帽子寻帽子。
吉安	戴到帽子寻帽子。
抚州	戴到帽子寻帽子。
鄱阳	戴到帽子找帽子。

	009 她说着说着，就哭起来了。
南昌	渠话嘚话嘚就哭起来了。
宜春	渠边话就哭起来哩。／渠话得话得，就哭起来哩。
吉安	渠边话边话就哭起来哩。
抚州	渠话啊话，就哭起来哩。
鄱阳	渠话下子话下子就哭起来咧。

	010 我们一边走一边说，说着说着就到了。
南昌	我们边走边话，话啊话就到了。
宜春	我仍边走边话，话啊话就到哩。
吉安	我东一边走一边话，话啊话就到哩。
抚州	我人边走边话，话啊话就到了。
鄱阳	我帮人边走边话，话啊话就到了。

	011 他们在跟客人说话。
南昌	渠们在跟客话事。
宜春	渠仍在跟客话事。
吉安	渠东在跟客话事。
抚州	渠许多人在跟客话事。
鄱阳	渠帮人在跟客话事。

	012 他来了三天了。
南昌	渠来了三日了。
宜春	渠来哩三工哩。
吉安	渠来哩三日哩。
抚州	渠来哩三日哩。
鄱阳	渠来了三日咧。

	013 房子拆了。
南昌	房子拆吓了。
宜春	房子拆去哩。
吉安	房子拆泼哩。
抚州	房子拆咧。
鄱阳	房子拆吓了。

	014 袜子破了。
南昌	袜子破吓了。
宜春	袜仂烂去哩。
吉安	袜仂烂泼哩。
抚州	水袜破咧。
鄱阳	袜子破咧。

	015 我想吃了晚饭，看过电视再去。
南昌	我想喫正了夜饭，看正了电视再去。
宜春	我想喫哩夜饭，看哩电视再去。
吉安	我想喫正哩晚饭，看正哩电视再去。
抚州	我想喫正哩夜饭，看正哩电视再去。
鄱阳	我想喫好咧夜饭，看正咧电视再去。

	016 卖了旧的买新的。
南昌	卖泼了旧个买新个。
宜春	卖去哩旧个买新个。
吉安	卖泼哩旧个买新个。
抚州	卖咧旧个去买新个。
鄱阳	卖了旧个买新个。

	017 他们从前做过生意。
南昌	渠们先前做过生意。
宜春	渠仂以前做过生意。
吉安	先间仍渠东做过生意。
抚州	渠人从前做过生意。
鄱阳	渠帮人以前做过生意。

	018 等我问过他再说给你听。
南昌	等我问过渠再话得恁听。
宜春	我去问渠再跟你话。
吉安	等我问过渠话得你听。
抚州	等我问过渠再话送你。
鄱阳	等我问过渠以后再话摆你听。

	019 我去过三次上海。
南昌	我到上海去过三次。
宜春	我去上海去哩三次。
吉安	我去过三次上海。
抚州	我去过上海三回。/ 我去过三回上海。
鄱阳	我到上海去过三回。

	020 看都看不清，你再写一遍。
南昌	看都看不清，写过一遍。
宜春	看都看不清，写过一遍。
吉安	看也看不清，写过一遍。
抚州	看也看不清，写过一遍。
鄱阳	看都看不清，写过一遍。

	021 让他说下去，别插嘴。
南昌	让渠话，不要插嘴。
宜春	让渠话，不要插嘴。/ 让渠话，莫插嘴。
吉安	让渠话下去，不要抢得话。
抚州	让渠话下去，莫插嘴。
鄱阳	让渠话下去，不要插嘴。

	022 你来闻闻这朵花香不香?
南昌	你来嗅一下盖只花香啵?
宜春	你来闻一下该朵花香么?
吉安	你来嗅一下盖只花香啵?
抚州	你来嗅一下该朵花香啵?
鄱阳	你来嗅一下箇个花香啵?

	023 你自己的事，你要去看看。
南昌	恁自间个事，恁要去看下子。
宜春	你自家个事，你要去看下子。
吉安	你自间个事，你要去看一下。
抚州	你自己个事，你要去看下。
鄱阳	你自间个事，你要去看下子。

	024 我自己的事，用不着你说。
南昌	我自间个事，不要尔话。
宜春	我自家个事，不要你话。
吉安	我自间个事，不要你话。
抚州	我自己个事，用不到你话。
鄱阳	我自间个事，不要你话。

	025 他给儿子攒了很多钱。
南昌	渠帮崽存了好多钱。
宜春	渠跟渠崽存哩蛮多钱。
吉安	渠跟崽积哩蛮多钱。
抚州	渠帮崽攒哩好多钱。
鄱阳	渠跟崽积咧好多钱。

	026 还有一点钱我就不给你了。
南昌	还有一□［tia⁵］子钱我就不拿得恁了。
宜春	还有一划子钱我就不把得你哩。
吉安	还有一花哩钱我就不把得你去哩。
抚州	还有几几钱我就不摆你哟。
鄱阳	还有些钱我就不把得你哩。

	027 给我一支笔。
南昌	拿一只笔到我。
宜春	拿一只笔把得我。
吉安	把只笔得我。
抚州	摆一支笔我。
鄱阳	把一支笔把我。

	028 外婆给了我压岁钱。
南昌	阿婆拿了压岁钱到我。
宜春	阿婆把得我压岁钱。
吉安	外婆把哩压岁钱得阿。/外婆把哩压岁钱得我。
抚州	阿婆摆哩压岁钱我。
鄱阳	外婆把了压岁钱把我。

	029 这本书送给你。
南昌	箇本书送得尔。
宜春	箇本书送得你。/ 箇本书送得把你。
吉安	盖本书送得你。
抚州	该本书送摆你。
鄱阳	箇本书送得把你。

	030 同学借给他一本书。
南昌	同学借了一本书渠。
宜春	同学借得把渠一本书。
吉安	同学借哩一本书得渠。
抚州	同学借摆渠一本书。/ 同学借一本书摆渠。
鄱阳	同学把哩一本书借到把渠。

	031 我们叫他张大爷。
南昌	我们叫渠张大爷。
宜春	我仂喊渠张大爷。
吉安	我东喊渠张大爷。
抚州	我人喊渠张大爷。
鄱阳	我帮人喊渠张大爷。

	032 把门关上。
南昌	拿门关到。
宜春	把门关到。
吉安	把门关到。
抚州	摆门关到。
鄱阳	把门关到。

	033 你把这头牛牵回家去。
南昌	恁拿箇头牛牵去归。
宜春	你把箇只牛牵得回去。
吉安	你把盖只牛牵回屋里去。
抚州	你摆该只牛牵转屋下去。
鄱阳	你把箇条牛牵回去。

	034 他没把书包拿回来。
南昌	渠冒拿书包拿回来。
宜春	渠冒把书包拿得回来。
吉安	渠冒有把书包拿回来。
抚州	渠冒摆书包拿转来。
鄱阳	渠冒把书包拿回来。

	035 他把妹妹带来了。
南昌	渠拿妹子带来了。
宜春	渠把妹仔带得来哩。
吉安	渠把妹子带得来哩。
抚州	渠摆妹崽带来哩。
鄱阳	渠把妹妹带来咧。

	036 他把衣服洗得很干净。
南昌	渠洗得衣裳干干净净。
宜春	渠把衣服洗得蛮干净。
吉安	盖只衣裳渠洗得蛮干净。
抚州	渠摆衣裳洗得老净。
鄱阳	渠把衣服洗得好干净。

	037 快点把门打开。
南昌	快□[tia⁵]子拿门打开。
宜春	快划子把门打开来。
吉安	快花哩打开门来。
抚州	快叫摆门打开来。
鄱阳	快几把门打开来。

	038 树被大风吹倒了。
南昌	树等风吹倒了。/ 树驮风吹倒了。
宜春	树等风吹倒哩。
吉安	树等风吹倒哩。/ 树得风吹倒哩。
抚州	树着大风吹倒哩。
鄱阳	树等风吹倒咧。

	039 碗被打破了。
南昌	碗打破呸了。
宜春	碗打去哩。
吉安	碗打烂泼哩。/ 碗等渠打烂泼哩。/ 碗得渠打烂泼哩。
抚州	碗打破咧。
鄱阳	碗打破咧。

	040 手套被烟头烧了一个洞。
南昌	手套子等烟头烧了一只洞。/ 手套子驮烟头烧了一只洞。
宜春	手套子等烟头烧去了一只洞。
吉安	手套仂等烟头烧泼一只洞。/ 手套得烟头烧泼一只洞。
抚州	手套着烟头子烧咧一个洞。/ 手套驮烟头子烧咧一个洞。/ 手套等烟头子烧咧一个洞。
鄱阳	手套子等烟头子烧哩一个洞。

	041 书被妹妹弄脏了。
南昌	书等妹子舞腌脏了。
宜春	书给妹仔舞腌脏哩。
吉安	书等妹子舞刮邋哩。/ 书得妹子舞刮邋哩。
抚州	书等妹崽邋遏咧。
鄱阳	书等妹妹杯邋筛＝了。

	042 她被骂了一顿。
南昌	渠等骂了一餐。/ 渠驮骂了一餐。
宜春	渠捱哩骂。
吉安	渠等人家骂泼一餐。/ 渠得人家骂泼一餐。/ 渠驮哩一餐骂。
抚州	渠驮哩一餐骂。/ 渠捱哩一餐骂。
鄱阳	渠捱哩骂过。

	043 她被开除了。
南昌	渠驮开除了。
宜春	渠得开除了。
吉安	渠等人家辞泼哩。/ 渠得人家辞泼哩。
抚州	渠等开除咧。
鄱阳	渠被开除了。

	044 今天跟昨天差不多热。
南昌	今日跟昨日差不多（子）热。
宜春	今□［ŋa⁴］跟昨日差不多（子）热。
吉安	今日跟昨日差不多热。
抚州	今朝跟昨日差不多热。
鄱阳	今朝跟昨日差不多子热。

	045 这种颜色跟那种颜色不同。
南昌	箇种颜色跟许种个不一样。
宜春	箇种颜色跟盖种不一样。
吉安	盖只颜色不同改只颜色。
抚州	该种颜色跟许种颜色不一样。
鄱阳	箇种颜色跟尔个颜色不同。

	046 我比他大两岁。
南昌	我大渠两岁。
宜春	我大渠两岁。
吉安	我大渠两岁。
抚州	我大渠两岁。
鄱阳	我比渠大两岁。

	047 我没比他大多少。
南昌	我冒大渠几多。
宜春	我冒大渠几多。
吉安	我冒大渠几多。
抚州	我冒大渠几多。
鄱阳	我冒比渠大几多。

	048 徒弟比师傅强。
南昌	徒弟强过师傅。
宜春	徒弟比师傅强。
吉安	徒弟强过哩师傅。
抚州	徒弟强似师傅。
鄱阳	徒弟比师傅行。

	049 好得不得了。
南昌	不晓得几好。
宜春	不得了个好。
吉安	不晓得几好。
抚州	不晓得几好。
鄱阳	不晓得几好。

	050 昨天来的那个人没多高。
南昌	昨日来个那只人冒几高。
宜春	昨日来个那只人冒几高。
吉安	昨日来个改只人冒几高。
抚州	昨日来个那个人冒几高。
鄱阳	昨日来个那个人没有几高。

	051 你们别管，让他去说。
南昌	你们不要管，让渠去话。
宜春	你仍莫管，让渠去话。
吉安	你东不要管，让渠去话。
抚州	你人莫管，让渠话去。
鄱阳	你帮人不要管，让渠话。

	052 他是你的老师吗？
南昌	渠是恁个老师啵？
宜春	渠是你个老师么？
吉安	渠是你个老师啵？
抚州	渠是你个老师啵？
鄱阳	渠是你个老师么？ / 渠是你个老师啵？

	053 你要哪种呢？
南昌	恁要哪种啰？
宜春	你要哪只？
吉安	你要哪种呢？
抚州	你要何种哟？
鄱阳	你要何种嗒？

	054 明天是星期六吗？
南昌	明日是礼拜六啵？
宜春	明日是礼拜六么？
吉安	明日是么礼拜六？ ／明日是礼拜六啵？
抚州	明朝是星期六啵？
鄱阳	明朝是星期六啵？

	055 他多高？
南昌	渠有几高？
宜春	渠几高？
吉安	渠有几高？
抚州	渠有几高？
鄱阳	渠有几高？

	056 是你去还是他去呢？
南昌	恁去还是渠去？
宜春	是你去还是渠去？
吉安	你去还是渠去？ ／你还是渠去？
抚州	是你去还是渠去哟？
鄱阳	是你去还是渠去嘞？

	057 你喜欢红的还是黑的?
南昌	恁喜欢红个还是黑个?
宜春	你喜欢红个还是黑个?
吉安	你喜欢红个还是黑个?
抚州	你喜欢红个还是黑个?
鄱阳	你欢喜红个还是黑个?

	058 我应该不应该去?
南昌	我要不要去?
宜春	我应不应该去?
吉安	我要不要去?
抚州	我应不应该去?
鄱阳	我该去啵嘞?

	059 你洗不洗澡?
南昌	尔洗不洗澡?
宜春	你洗不洗澡?
吉安	你洗不洗澡?
抚州	你做不做洗?
鄱阳	你洗不洗澡?

	060 你去不去上海?
南昌	尔去不去上海?
宜春	你去不去上海?
吉安	你去不去上海?
抚州	你去不去上海?
鄱阳	你到不到上海去?

	061 你去了上海没有?
南昌	尔去了上海啵?
宜春	你去哩上海冒?
吉安	你去哩上海啵?
抚州	你去哩上海啵?
鄱阳	你去了上海吧?

	062 你认识他是谁吗?
南昌	恁认得渠是哪个啵?
宜春	你认得渠哪只么?
吉安	你认得渠是哪个啵?
抚州	你认得渠是何个啵?
鄱阳	你认得到渠啵?

	063 先喝酒,等一会儿再吃饭。
南昌	喫酒起,等一下子再喫饭。
宜春	先喫酒,等一下子再喫饭。
吉安	喫酒先,等一下再喫饭。 / 先喫酒,饭等一下再喫。 / 先喫酒, 等一下再喫饭。
抚州	喫酒起,等一下再喫饭。
鄱阳	喫酒起,等一下子再喫饭。

	064 先切肉,晚点再炒菜。
南昌	先切肉,晏□ [tia⁵] 子再炒菜。
宜春	先切肉,晏划子再炒菜。
吉安	先切肉,晏花哩再炒菜。 / 切花哩肉先,晏花哩再炒菜。
抚州	先切肉起,晏几再炒菜。
鄱阳	先切肉,晏几再炒菜。

	065 他们还没来，我们先下盘棋。
南昌	渠们还冒来，我们先下盘棋着。
宜春	渠仂还冒来，我仂先下盘棋着。
吉安	渠东还冒来，我东下盘棋先。/渠东还冒来，我东先下盘棋。
抚州	渠人还无来，我人先来下盘棋起。
鄱阳	渠帮人没来，我帮人先下棋起。

	066 明天一大早有事，要早起一点。
南昌	明日大清早有事，要早□［tia⁵］子起。
宜春	明日蛮早有事，要早划子起。
吉安	明日清日蛮早有事，要早花哩起。
抚州	明朝，要起早儿。
鄱阳	明子一大早有事，要早点起来。

	067 你前面走，我跟着你走。
南昌	恁到前头走，我跟到你走。
宜春	你行前，我跟到你走。
吉安	你走前头，我跟到你走。
抚州	你行前走，我跟到你走。
鄱阳	你走得前头，我跟到你走。

	068 你家里有事，明天晚点来也可以。
南昌	恁屋里有事，明日晏□［tia⁵］子也做得。
宜春	你屋里有事，明日晏划子来也做得。
吉安	你屋里有事，明日晏花哩来也做得。
抚州	你屋下有事，明朝晏来几把也做得。
鄱阳	你屋里有事，明朝晏几来也可以。

	069 没吃饱，再吃一碗。
南昌	冒喫饱，（再）喫（一）碗凑。
宜春	冒喫饱，喫（一）碗凑。
吉安	冒喫饱，（再）喫一碗添。
抚州	冒喫饱，（再）喫（一）碗凑。
鄱阳	冒喫饱，（再）喫一碗凑。

	070 我还要再说几句。
南昌	我还要话几句凑。
宜春	我要话几句事凑。
吉安	我还要话几句添。
抚州	我还要话几句事凑。
鄱阳	我还要话几句事凑。

	071 等一会儿再说。
南昌	等下着。
宜春	等下子话。
吉安	等下哩章。
抚州	等一下再话。
鄱阳	等下子再话。

	072 衣服干了的穿得，没干的穿不得。
南昌	衣裳干了个着得，冒干个着不得。
宜春	衣裳干了个着得，冒干个着不得。
吉安	衣裳干了个着得，冒干个着不得。
抚州	衣裳膶了个着得，冒干个着不得。
鄱阳	衣裳干了个着得，冒干个着不得。

	073 这块布能做两件衣服。
南昌	箇块布做得到两件衣裳。
宜春	箇块布做得两领衣服到。
吉安	盖块布做得两件衣裳到。/ 盖块布做得到两件衣裳。
抚州	该块布做得两件衣裳到。/ 该块布做得到两件衣裳。
鄱阳	箇块布做得到两件衣裳。

	074 这块布做不到两件衣服。
南昌	箇块布做两件衣裳不到。/ 箇块布做不到两件衣裳。
宜春	箇块布做不到两领衣服。
吉安	盖块布做两件衣裳不到。
抚州	该块布做不到两件衣裳。
鄱阳	箇块布做不到两件衣裳。

	075 今年冬天冷了好长一段时间。
南昌	今年冬天冷了蛮久。
宜春	今年冬下仂冷哩蛮久。
吉安	今年冬天冷哩蛮久。/ 今年冬天冷得蛮久。
抚州	今年冬天冷得久。
鄱阳	今年冬天冷了好久。

	076 今天累得他好苦。
南昌	今日累得渠死。
宜春	今□［ŋa⁴］渠蛮累人。
吉安	今日累得渠死。
抚州	今朝累得渠死。
鄱阳	今朝摆渠累到了。

	077 老师被这几个学生气得哭。
南昌	老师驮箇几只学生气得哭。
宜春	箇几只学生气得老师发哭。
吉安	老师得盖几只学生气得发哭。
抚州	老师着该个学生气得哭。
鄱阳	老师等箇几个学生气哭到了。

	078 这些作业你赶快送去。
南昌	箇些作业恁快□［tia⁵］子送得去。
宜春	箇几作业你快划子送得去。
吉安	盖些作业你快花哩送得去。
抚州	该几作业你快几送得去。
鄱阳	箇几作业你快几送过去。

	079 香菜我们不吃。
南昌	香菜我们吃不得。
宜春	香菜我们吃不正。
吉安	言"须"我东吃不来。
抚州	香菜我们吃不来。
鄱阳	香菜我帮人不吃。

	080 他这几天身体不好，做不了事。
南昌	渠箇几工身体不好，做不得事。
宜春	箇几工渠身体不什么蛮好，做不得事。
吉安	渠盖几日不舒服，做不正事。
抚州	渠这几天身体不好，做不得事。
鄱阳	渠这几日身体不大好，做不得事。

	081 他再高两寸就摸得到门框。
南昌	渠再高得两寸子就摸得到门框。
宜春	渠高得两寸子就摸得到门框。
吉安	渠再得两寸就摸得到门框（去哩）。
抚州	渠再高得两寸就摸得到门框。
鄱阳	渠再高得两寸就摸得门框到。

	082 这袋米能吃比较长一段时间。
南昌	箇袋子米吃得一下子。
宜春	箇袋子米吃得一下子。
吉安	盖袋米吃得一下哩。
抚州	该袋米很吃得一下。
鄱阳	箇袋米吃得到好长时间。

	083 这件衣服只有我能穿，她太胖了穿不下。
南昌	箇件衣服就我穿得，渠太壮了穿不下。
宜春	箇领衣服就我穿得，渠太加壮哩穿不下。
吉安	盖件衣服就我穿得，渠太壮哩穿不下。
抚州	该件衣裳只有我穿得，她太胖了穿不下。
鄱阳	箇衣服只我穿得，渠太胖哩穿不下去。

	084 今天他觉得好了点，能吃下半碗饭了。
南昌	今日渠觉得好□［tia⁵］子，喫得下半碗饭。
宜春	今□［ŋa⁴］渠觉得好哩划子，喫得半碗子饭到。
吉安	今日渠觉得好花哩，喫得半碗子饭下。
抚州	今朝渠觉得好几把，喫得半碗饭下了。
鄱阳	今朝渠觉得好些子，可以喫得半碗饭下去。

	085 一辆车能装下三十个人。
南昌	一只车装得下三十个人。
宜春	一把车装得下三十只人。
吉安	一只车装得三十只人下。
抚州	一只车装得下三十个人。
鄱阳	一只车坐得下三十个人。

	086 他挑得起两百多斤。
南昌	渠挑得起两百多斤。
宜春	渠挑得起两百多斤。
吉安	渠挑得两百多斤起。
抚州	渠担得两百多斤起。
鄱阳	渠挑得起两百多斤。

	087 这本书卖得到两块钱。
南昌	箇本书卖得到两块钱。
宜春	箇本书卖得两块钱到。
吉安	盖本书卖得两块钱到。
抚州	该本书卖得到两块钱。
鄱阳	箇本书卖得到两块钱。

	088 这本书卖不到两块钱。
南昌	箇本书卖不到两块钱。
宜春	箇本书卖不到两块钱。
吉安	盖本书卖不到两块钱。
抚州	该本书卖不到两块钱。
鄱阳	箇本书卖不到两块钱。

	089 我打不过他。
南昌	我打渠不赢。
宜春	我打不赢渠。
吉安	我打渠不赢。
抚州	我打不赢渠。
鄱阳	我打不赢渠。

	090 我请不动他，只有小李请得动他。
南昌	我请不来渠，只有小李请得渠来。
宜春	我请不来渠，就小李请得来渠。
吉安	我请渠不来，只有小李请得渠来。
抚州	我请不渠来，只有小李请得渠来。
鄱阳	我请不到渠来，只有小李请得到渠来。

	091 坐飞机去出差。
南昌	坐飞机去出差。
宜春	坐得飞机去出差。
吉安	坐飞机去出差。
抚州	坐飞机去出差。
鄱阳	坐飞机去出差。

	092 今天天气很冷。
南昌	今日好冷。
宜春	今□［ŋa⁴］蛮冷。
吉安	今日蛮冷。
抚州	今朝好冷。/ 今朝冷很哩。
鄱阳	今朝真好冷。

	093 今天的菜太辣了。
南昌	今日个菜太辣伤了。
宜春	今□［ŋa⁴］个菜辣伤哩。
吉安	今日个菜辣伤哩。／今日个菜辣绝哩。
抚州	今朝个菜辣很哩。
鄱阳	今朝个菜太辣了。

	094 他用手在袋子里一直搜。
南昌	渠拿手在袋子里紧寻。
宜春	渠拿手在袋里紧寻。
吉安	渠用手紧在袋里寻。
抚州	渠用手在袋子里结实个搜。
鄱阳	渠用手在袋子里紧摸紧摸。

	095 你慢慢地说，别着急。
南昌	恁慢慢子话，不要急。
宜春	你慢划几话，不要着急。
吉安	你慢花哩话，不要着急。
抚州	你慢慢话，不要急。
鄱阳	你慢慢子话，不要急。

	096 他会去的。
南昌	渠会去个。
宜春	渠会去。
吉安	渠会去个。
抚州	渠会去个。
鄱阳	渠会去。

	097 用毛笔写字。
南昌	拿毛笔写字。
宜春	拿毛笔写字。
吉安	用毛笔写字。
抚州	用毛笔写字。
鄱阳	用毛笔写字。

	098 我找遍了，都没买到那本书。
南昌	我寻交了，都冒买到那本书。
宜春	我寻交哩，都冒买到那本书。
吉安	我寻交哩，都冒有买到那本书。
抚州	我寻交哩，都冒买到那本书。
鄱阳	我寻交了，都冒买到那本书。

	099 你刚刚才吃了药，别喝茶。
南昌	你刚喫了药，喫不得茶。
宜春	你刚喫哩药，莫喫茶。
吉安	你才喫哩药，不要喫茶。
抚州	你正刚脚喫了药，莫喫茶。
鄱阳	你刚刚喫了药，不要喫茶。

	100 门上贴着一副对联。
南昌	门上贴了一副对联。
宜春	门上贴哩副对联。
吉安	门上贴到一副对联。
抚州	门上贴到一副对联。
鄱阳	门上贴到一副对联。

第五章
朗读训练要点

朗读与一般的口语表达不同，是指通过清晰响亮的声音把写作者蕴含在作品中的思想态度、情感价值等也一并表达出来。它也不同于朗诵，朗读往往不需要声音之外的手势、眼神、姿态等动作配合，也不必过分地夸张，对音色没有特别的要求，只需要把书面文字语言化，所以朗读的基本要求除了字词发音标准外，主要在于为了准确传达作品的思想内容和情感态度而在句子重音、停顿、语调和节奏等方面必须处理得适当合理。

一、朗读的基本要求

（一）语音准确

1. 不错读字，不随意添字、减字、改字

人们在朗读时，有时会根据自己的情感处理一些无关紧要的字词，出现添字、减字和改字的现象，这种不忠实于原著的处理方式在朗读中是不提倡的。在平时的练习中，要养成良好的朗读习惯，遵循原文作者的表达意图，按照原文字句进行朗读。当然，提高阅读速度和效率，使口眼协调，也能减少不必要的失误。

2. 读准轻声、儿化等音变

轻声音节的准确发音是朗读标准的重要指标。轻声音节的发音特点是短而轻，其中"短"是最重要的特点，"轻"只是相对其前一音节而言，而且不是简单的"轻"，其调值也会发生相应变化。另外，轻声音节没有形式上的标志，所以在朗读中很容易出现偏误，其实在每一篇朗读作品中都存在大量的必读轻声音节，比如结构助词"的、地、得"，时态助词"着、了、过"等。

儿化也是普通话中一项重要的音变。"儿"是一个卷舌元音音节，儿化的发音特点是卷舌"儿"与前一音节韵母相融合成为一个音节。在朗读时，文章中标出了"儿化韵"的音节是必读的，如果没有标记"儿"尾的，可以不儿化。

3. 避免语调偏误

语调指语句里声音高低升降的变化，是语流声音高低、强弱、重轻、快慢、长短、虚实等变化形式的总和，一般是和句子的语气紧密结合的，是语气的外在表现形式。

语调偏误主要包括字调和句调问题、轻重格式处理不当、音变失误、语速异常等。

（1）字调（声调）

汉字的声调和语调密切相关，字调是语调构成的基础。普通话四个声调的调型分别是平、升、曲、降，调值区别十分明显。如果在调型或调值上出现偏差就会导致声调问题。

（2）句调

句调主要是指句末语调。句末语调主要有四种：降调、升调、平调和曲折调。其中降调在普通话语句中出现频率较高，语流形态表现为句子语势前高后低，呈现出渐降的态势，一般用于陈述句、祈使句、感叹句，表示肯定、坚决、赞美、祝福等感情。升调表现为句子语势前低后高，呈现出上升的态势，一般用来表示疑问、反问、惊异等语气。平调表现为语势平稳舒缓，没有明显的升降变化，用于不带特殊感情的陈述和说明，还可表示庄严、悲痛、冷淡等感情。曲折调表现为全句音高曲折变化，或先升后降，或先降后升，高低多变，升降交错，往往把句中需要突出的词语拖长拐弯，这种句调常表示讽刺、厌恶、反语、意在言外等语气。

（3）轻重格式

普通话词语的轻重音一般分为四个等级，即重音、中音、次轻音、轻音。其中双音节绝大多数读为"中·重"格式，例如"语言、工厂、可爱、国家、乐观"等；部分是轻声格式，即"重·轻"格式，例如"本事、队伍、商量、钥匙、运气"等；还有"重·次轻"格式，例如"战士、娇气、胃口、老鼠"等，注意这类格式不同于轻声，后一音节可以轻读，有时也会重读，所以可以称为"可轻读词语"。三音节词语大多数读为"中·次轻·重"格式，例如"生产力、北极星、西红柿、小雨伞、天然气"等；四音节词语大多数读为"中·次轻·中·重"格式，例如"单调死板、不折不扣、奥林匹克"等。

（4）音变

普通话中除了轻声、儿化外，还有上声和"一、不"的变调及"啊"的音变等，这些在朗读中都应该正确表现。

（5）语速

语速是指朗读说话的快慢速，是朗读中为了准确表现作品内容和感情而出现的语音节奏。它贯穿于朗读的全过程，语速过快或过慢都会直接影响文章节奏的变化和情感表达的效果。朗读的速度要做到"快而不乱""慢而不拖"，保证吐字清晰，不"吃字"，但也不能慢得松松垮垮，出现"念字式"。一般来说，每分钟200个音节左右的朗读语速是适中的，超过 270 个音节给人的感觉是语速过快，低于 170 个音节则是语速过慢。

（二）正确表达语意

1. 合理安排停连

停连是停顿和连接的合称，是朗读语流中的停歇和连续。停连包括声音生理性停连、结构性停连、逻辑性停连、情感性停连等。生理性停连是出于生理上换气的需要，结构性停连是句子结构层次理顺的需要，逻辑性停连是意群疏密区分的需要，情感性停连是强调观点、突出事物和表达情感的需要。如：

从前 / 在家乡 / 七八月的夜晚 / 在庭院里 / 纳凉的时候

那些老军人 / 毫不注意 / 人们捐多少钱

自从传言 / 有人在萨文河畔散步时 / 无意 / 发现了金子后

如果句子内部没有标点符号，一口气读到底会很吃力，朗读时可以在句中适当停顿，这既是生理换气的需要，也是合理表达句子结构层次的需要。

2. 准确使用重音

和停连一样，重音也是普通话节律的重要构成要素。根据重音产生的原因，可以把重音分为两种：一种是按照语法结构的特点而重读的，叫语法重音；语法重音跟语法结构有密切联系，如偏正结构一般重读修饰语部分、主谓结构重读谓语部分。另一种是为了突出句中的主要思想或强调句中的特殊感情而重读的，叫逻辑重音；逻辑重音是用来表示特殊的意义和情感的，要求朗读者能够通过分析语句，根据遣词造句的具体情况和语义表达的特殊需要来确定重音的位置。

二、朗读练习要点

对于赣方言区的人来说，在朗读时除了要注意每个音节的声韵调，即做到克服方言的负迁移影响外，还要注意以下几方面。

（一）克服方言语调

方言语调是受某一地方方言音系的影响而表现出具有一定地域语音色彩的声音模式。主要表现为：

一是语音错误和缺陷影响语流声音的自然和谐，特别是声调调型错误，调值不准，都直接干扰声调节律的和谐性。

汉字的声调和语调密切相关，字调是语调构成的基础。普通话四个声调的调型分别是平、升、曲、降，调值区别十分明显。在影响普通话朗读语调的诸多因素中，声调调型错误是最大问题，其次是声调调值上出现了偏差。有许多学习者受方言语音的影响，字调错误较多而且成系统出现，明显带有方言声调痕迹，总体语感"土洋"交错，怪腔怪调。

二是语流音变失误较多，轻声不到位，儿化韵不自然，变调混乱，缺乏普通话语感。

轻声在朗读过程中担任一个非常重要的角色，对于文章的节奏和情感的表达有重要的作用，然而由于赣方言轻声与普通话轻声有明显不同，因此轻声发音不到位成了学习者朗读中常出现的问题。轻声常见的问题主要表现为：一是轻声调值读不准，二是不知哪些音节该读轻声；三是有些学习者根本没有轻声意识，觉得每个字都需要发得字正腔圆，往往影响了整篇文章的整体朗读效果。第一种现象主要是学习者受平时方言发音习惯的影响，即使知道轻声发音"又轻又短"的特点，但怎么轻怎么短及其具体调值仍把握不准，导致轻声音节发音奇怪。第二种情况是最常见的，由于赣方言区大部分地区也是有轻声的，但与普通话不一致，从而导致了轻声音节的误判，这种情况需要学习者平时多注意积累，培养轻声语感。

对于儿化现象，由于赣方言中没有儿化音变，因此学习者对儿化的处理普遍表现不自然。主要有三种错误：发不出儿化音，造成儿化音尾音脱落；"儿"发音模糊不清晰；把词语中的"儿"全部单独发成一个音节。学习者应在准确掌握卷舌元音"er"的发音过程的基础上，揣摩如何将"儿"尾化入前一音节。

三是忽视词语的轻重格式和句子的语势变化，影响语意情感的准确表达。

普通话不止字有字调，而且词语内部韵律有轻重之分，句调上还有语势的变化。如果朗读时只重视字调，每个字都按其本调来读，词语内部多个音节也不区别强弱，长短一致，自以为字字清楚，声韵调到位才符合标准，其实这种单调死板的声音模式与普通话曲折多变的语调特征相差甚远，语感上就会显得生硬，不自然，不和谐。

词语的轻重格式是就一个词语内部几个音节的韵律节奏而言的，在朗读中，学习者要学会根据语义和语句的内在联系灵活处理，突出需要强调的意义信息，切不可按固定格式生搬硬套。

在语调方面，要注意以下几类都是不恰当的表现方式：

第一，读字式。照字读音，顿连跳跃，或有字无词，或有词无句，声不连贯，语势平直，句意破碎，影响表情达意。

第二，夸张式。不管内容体裁，刻意追求声音技巧，拿腔拿调，声情失态。

（二）避免停连不当，把握语速节奏

停连包括停顿和连读，如果停连不当，可能会造成语义的不连贯，甚至肢解句子和词语。设置停连最基本的要求是保持词语和句子的完整，保证语义表达的连贯。如果只关注停顿，朗读会缺乏流畅性，失去情感表达的依托；只关注连续性，就可能表面流畅却错误频出，没有情感，甚至出现回读。二者只有结合起来才能合理有效地完成朗读。

语速贯穿于朗读的全过程，语速过快或过慢都会直接影响文章节奏的变化和情感表达的效果。语速节奏过快则易导致听不清楚，更无法给听者提供思索与回味的空间，所以不顾作品内容的需要，一味追求酣畅流利，缺少必要的停顿和转换是不合适的。也有些朗读者因担心朗读过程中出现语音失误，刻意咬准每个字词，语声缓慢迟疑，两字一停三字一顿，语速过慢导致语脉时断时续，节奏层次混乱。

三、以《繁星》为例练习朗读

我爱月夜，但我也爱星天。从前在家乡七八月的夜晚在庭院里纳凉的时候，我最爱看天上密密麻麻的繁星。望着星天，我就会忘记一切，仿佛回到了母亲的怀里似的。

三年前在南京我住的地方有一道后门，每晚我打开后门，便看见一个静寂的夜。下面是一片菜园，上面是星群密布的蓝天。星光在我们的肉眼里虽然微小，然而它使我们觉得光明无处不在。那时候我正在读一些天文学的书，也认得一些星星，好像它们就是我的朋友，它们常常在和我谈话一样。

如今在海上，每晚和繁星相对，我把它们认得很熟了。我躺在舱面上，仰望天空。深蓝色的天空里悬着无数半明半昧的星。船在动，星也在动，它们是这样低，真是摇摇欲坠呢！渐渐地我的眼睛模糊了，我好像看见无数萤火虫在我的周围飞舞。海上的夜是柔和的，是静寂的，是梦幻的。我望着许多认识的星，我仿佛看见它们在对我眨眼，我仿佛听见它们在小声说话。这时我忘记了一切。在星的怀抱中我微笑着，我沉睡着。我觉得自己是一个小孩子，现在睡在母亲的怀里了。

有一夜，那个在哥伦波上船的英国人指给我看天上的巨人。他用手指着：// 那四颗明亮的星是头，下面的几颗是身子，这几颗是手，那几颗是腿和脚，还有三颗星算是腰带。经他这一番指点，我果然看清楚了那个天上的巨人。看，那个巨人还在跑呢！

节选自巴金《繁星》

这是一篇写景抒情的散文，朗读时，声音应该舒缓柔和些。文章口语化色彩较强，变调和轻声都比较多，除语音提示所列轻声词外，还有时态助词"着"、方位词"上""里"等都应读为轻声，如"望着、悬着、微笑着、沉睡着、指着、天上、海上、舱面上、庭院里、怀里、肉眼里、天空里"等，朗读时应该注意。

语音提示：

1. 读平舌音 z、c、s 声母的字词

<u>从前</u> <u>在</u> <u>菜园</u> <u>虽然</u> <u>无处不在</u> <u>舱面</u> <u>色</u> <u>自己</u> 小孩<u>子</u>

2. 读翘舌音 zh、ch、sh 声母的字词

<u>时候</u> 天<u>上</u> 望<u>着</u> <u>似</u>的 <u>住</u>的 <u>是</u> <u>上</u>面 <u>使</u> 无<u>处</u>不在

<u>正在</u> <u>书</u> <u>常常</u> <u>熟</u> <u>深</u>蓝 无<u>数</u> <u>船</u> 摇摇欲<u>坠</u> <u>周</u>围

<u>眨</u>眼 小<u>声</u> <u>说话</u> <u>这时</u> <u>沉睡着</u> <u>睡</u> <u>指</u>给 <u>指着</u>

3. 读 n 声母的字词

<u>纳</u>凉 <u>南</u>京 <u>呢</u> <u>那</u>个

4. 读 l 声母的字词

<u>里</u> 纳<u>凉</u> <u>了</u> 哥<u>伦</u>波

5. 读 r 声母的字词

<u>肉</u>眼　虽<u>然</u>　<u>然</u>而　<u>认</u>得　<u>如</u>今　<u>柔</u>和　<u>认</u>识　巨<u>人</u>

6. 读前鼻音的字词

<u>但</u>　从<u>前</u>　夜<u>晚</u>　<u>庭</u>院　<u>看</u>　繁<u>星</u>　母<u>亲</u>　<u>三</u>年<u>前</u>　<u>南</u>京

后<u>门</u>　<u>便</u>　<u>看见</u>　下<u>面</u>　一<u>片</u>　菜<u>园</u>　星<u>群</u>　<u>蓝天</u>　我<u>们</u>

虽<u>然</u>　<u>认</u>得　谈话　<u>如今</u>　<u>很</u>　<u>天</u>空　深<u>蓝</u>色　悬　<u>船</u>　<u>渐渐</u>

<u>认</u>识　眨<u>眼</u>　<u>沉</u>睡　<u>现</u>在　巨<u>人</u>

7. 读后鼻音的字词

家<u>乡</u>　<u>庭</u>院　繁<u>星</u>　忘记　<u>仿</u>佛　南<u>京</u>　地<u>方</u>　<u>静</u>寂　<u>光明</u>

<u>正</u>在　好<u>像</u>　<u>朋</u>友　<u>常常</u>　一<u>样</u>　<u>相</u>对　躺　<u>舱</u>面<u>上</u>　<u>仰望</u>

<u>天空</u>　<u>明</u>　<u>动</u>　<u>萤</u>火虫　<u>梦</u>幻　听<u>见</u>　小<u>声</u>　<u>中</u>　<u>英</u>国　<u>用</u>

8. 变调

一（yí）切　一（yí）道　一（yí）个　一（yí）片　一（yì）些

一（yí）样　一（yí）夜　无处不（bú）在

9. 轻声词

时候　似的　地方　我们　认得　星星　它们　朋友

眼睛　模糊　认识　小孩子　身子

10. 容易读错的词

半明半昧（mèi）　　摇摇欲坠（zhuì）

四、以《海滨仲夏夜》为例练习朗读

夕阳落山不久，西方的天空，还燃烧着一片橘红色的晚霞。大海，也被这霞光染成了红色，而且比天空的景色更为壮观。因为它是活动的，每当一排排波浪涌起的时候，那映照在浪峰上的霞光，又红又亮，简直就像一片片霍霍燃烧着的火焰，闪烁着，消失了。而后面的一排，又闪烁着，滚动着，涌了过来。

天空的霞光渐渐地淡下去了，深红的颜色变成了绯红，绯红又变为浅红。最后，当这一切红光都消失了的时候，那突然显得高而远了的天空，则呈现出一片肃穆的神色。最早出现的启明星，在这蓝色的天幕上闪烁起来了。它是那么大，那么亮，整个广漠的天幕上只有它在那里放射着令人注目的光辉，活像一盏悬挂在高空的明灯。

夜色加浓，苍空中的"明灯"越来越多了。而城市各处的真的灯火也次第亮了起来，尤其是围绕在海港周围山坡上的那一片灯光，从半空倒映在乌蓝的海面上，随着波浪，晃动着，闪烁着，像一串流动着的珍珠，和那一片片密布在苍穹里的星斗互相辉映，煞是好看。

在这幽美的夜色中，我踏着软绵绵的沙滩，沿着海边，慢慢地向前走去。海水，轻轻地抚摸着细软的沙滩，发出温柔的∥唰唰声。晚来的海风，清新而又凉爽。我的心里，有着说不出的兴奋和愉快。

节选自峻青《海滨仲夏夜》

这是一篇写景抒情的散文，文章中除了语音提示所列无规律的轻声词外，还有较多时态助词"着"和跟在名词之后的方位词"上"都要读为轻声，如"燃烧着、闪烁着、滚动着、晃动着、流动着、踏着、沿着、抚摸着、浪峰上、天幕上、山坡上、海面上"等。

语音提示：

1. 读平舌音 z、c、s 声母的字词

<u>红色</u>　<u>在</u>　<u>则</u>　<u>肃穆</u>　<u>最早</u>　<u>次第</u>　<u>从</u>　<u>随着</u>

2. 读翘舌音 zh、ch、sh 声母的字词

<u>燃烧着</u>　<u>这</u>　<u>成</u>　<u>是</u>　<u>时候</u>　<u>映照</u>　<u>简直</u>　<u>闪烁</u>　<u>消失</u>　<u>深红</u>

<u>呈现出</u>　<u>只有</u>　<u>放射</u>　<u>注目</u>　<u>一盏</u>　<u>各处</u>　<u>真的</u>　<u>周围</u>

<u>山坡上</u>　<u>珍珠</u>　<u>煞</u>　<u>沙滩</u>　<u>海水</u>

3. 读 n 声母的字词

<u>那</u>么　<u>浓</u>

4. 读 l 声母的字词

<u>落</u>　波<u>浪</u>　<u>蓝</u>色　<u>亮</u>了起来

5. 读 r 声母的字词

<u>燃</u>烧　<u>染</u>　突<u>然</u>　围<u>绕</u>　细<u>软</u>　温<u>柔</u>

6. 读前鼻音的字词

<u>山</u>　天<u>空</u>　<u>燃</u>烧　一<u>片</u>　<u>晚</u>霞　壮<u>观</u>　<u>因</u>为　<u>简</u>直　火<u>焰</u>
<u>闪</u>烁　后<u>面</u>　滚<u>动</u>　<u>渐渐</u>　<u>淡</u>　深<u>红</u>　<u>颜</u>色　<u>变</u>成　<u>浅红</u>
突<u>然</u>　<u>显</u>得　<u>远</u>　<u>呈现</u>　<u>神</u>色　<u>蓝</u>色　<u>令人</u>　一<u>盏</u>　<u>悬</u>挂
<u>真</u>的　一<u>串</u>　<u>珍</u>珠　好<u>看</u>　<u>软绵绵</u>　沙<u>滩</u>　<u>沿</u>着　海<u>边</u>
<u>慢慢</u>　<u>向前</u>　温柔

7. 读后鼻音的字词

夕<u>阳</u>　西<u>方</u>　<u>成</u>　<u>景</u>色　<u>更</u>　<u>壮观</u>　每<u>当</u>　<u>涌</u>　<u>映</u>照　<u>浪峰上</u>
<u>亮</u>　<u>像</u>　<u>红光</u>　<u>呈</u>现　<u>启明星</u>　<u>整</u>个　<u>广</u>漠　<u>放</u>射　<u>令人</u>
<u>明灯</u>　<u>苍空中</u>　<u>城</u>市　海<u>港</u>　<u>晃动</u>　<u>苍穹</u>　互<u>相</u>　<u>轻轻</u>

8. 变调

一（yí）片　　　　一（yì）排排　　　一（yí）切

一（yì）盏　　　　一（yí）串

9. 轻声词

时候　那么　那里

10. 容易读错的词

霍（huò）霍燃烧　　　绯（fēi）红　　　　煞（shà）是好看